Pirmin Schwiertz

Effiziente Erstellung von Lehrvideos für die Hochschullehre

Wie man Videos mit dem Lightboard erstellt

Bibliografische Information der Deutschen Nationalbibliothek:

Die Deutsche Nationalbibliothek verzeichnet diese Publikation in der Deutschen Nationalbibliografie; detaillierte bibliografische Daten sind im Internet über http://dnb.d-nb.de abrufbar.

Impressum:

Copyright © Science Factory 2020

Ein Imprint der GRIN Publishing GmbH, München

Druck und Bindung: Books on Demand GmbH, Norderstedt, Germany

Coverbild: GRIN Publishing GmbH

"Die Kunst des 80/20 Prinzips ist, zu identifizieren, mit welchen Mühlen die Realität mahlt und diese so weit wie möglich auszunutzen."

Vilfredo Pareto (o. J.)

Zusammenfassung

Die Digitalisierung hält Einzug in allen Bereichen und so ist auch die Lehre betroffen. Gerade Lehrvideos stellen hier ein sehr beliebtes Medium zur Wissensvermittlung dar. Es wird nicht nur sehr gerne von Lernenden benutzt, sondern lässt sich auch vielseitig einsetzen. Der Kreativität sind hier faktisch keine Grenzen gesetzt. Allerdings sind klassische Videoproduktionen bis heute sehr aufwändig.

Das Ziel der Forschung ist es zu untersuchen, wie die Lehrvideoproduktion im Lichte der Effizienz vereinfacht gestaltet werden kann. Dazu wird die folgende zentrale Forschungsfrage gestellt: Wie lässt sich die Lehrvideoproduktion in Hinblick auf Didaktik, Produktionsablauf und der technischen Komplexität effizient gestalten?

Um die Fragestellung zu beatworten, wird im ersten Teil auf die allgemeinen Herausforderungen für die standardisierte Lehrvideoproduktion eingegangen und der Mehrwert für die Beteiligten herausgearbeitet. Darauf aufbauend werden die didaktischen Schwierigkeiten analysiert. Diese werden innerhalb eines Rahmenmodells in den folgenden Kapiteln auf das Fallbeispiel des Lightboard angewandt. Zum besseren Verständnis wurde zum Abschluss ein konkretes Konzept aus den vorherigen Ergebnissen entwickelt.

Im Verlaufe der Arbeit wurde anhand von eigenen Experimenten und Erfahrungen die aus der Literatur gegebenen wissenschaftlichen Erkenntnissen erweitert, erprobt und auf das Fallbeispiel angewandt. Zusätzlich wurden zwei Beispielvideos erstellt. Die Zusammenführung beider Methoden hat im Ergebnis gezeigt, dass Standards den Produktionsprozess ressourcenschonender gestalten können, wenn diese konzeptabhängig richtig eingesetzt werden.

Aufgrund dieser Wissenslage ist es empfehlenswert, bei sich wiederholenden Lehrvideoproduktionen standardisierte Konzepte anzuwenden, um die Produktion effizienter zu gestalten. Durch zukünftige Entwicklungen kann diese Thesis verfeinert werden. Weitere wissenschaftliche Arbeiten können sich mit der Implementierung in den Lehrkontext und gezielten Konzepterstellung von standardisierten Lehrvideos auseinandersetzen.

Inhaltsverzeichnis

Zusammenfassung IV

Abbildungsverzeichnis VII

Tabellenverzeichnis VIII

Vorwort IX

1 Einleitung 1

    1.1 Problemstellung 1

    1.2 Methode 2

    1.3 Vorgehen 3

2 Was ist effiziente Lehrvideoproduktion? 5

    2.1 Begriffsdefinierung Effizienz nach dem Paretoprinzip 5

    2.2 Was sind standardisierte Lehrvideos? 7

3 Mehrwert und Herausforderungen von standardisierten Lehrvideos 9

    3.1 Herausforderungen an Beteiligte 9

    3.2 Mehrwert für Studierende 13

    3.3 Mehrwert für Lehrpersonen 15

    3.4 Mehrwert für Hochschulen 16

4 Didaktische Herausforderungen bei standardisierten Lehrvideos 18

    4.1 Didaktische Analysen 20

    4.2 Didaktische Entscheidungen 26

5 Effiziente Lehrvideoerstellung mit dem Lightboard 34

    5.1 Rahmenanalyse 35

    5.2 Akteure 36

    5.3 Lehrinhalte und -ziele 39

    5.4 Didaktische Methode 41

5.5 Lernorganisation 42

   5.6 Medien 43

   5.7 Vorgehen 47

6 Exemplarisches Konzept für Lehrvideos mit dem Lightboard 50

   6.1 Pre-Production 51

   6.2 Live-Production 53

   6.3 Post-Production 54

7 Fazit und Ausblick 57

Literaturverzeichnis 61

Anhang 63

Abbildungsverzeichnis

Abbildung 1: Das Paretoprinzip 5

Abbildung 2: Anteile der Nutzung digitaler Lernangebote 14

Abbildung 3: Wichtigkeit von Lernformen in Unternehmen für die
kommenden drei Jahre 17

Abbildung 4: Didaktisches Rahmenmodell 19

Abbildung 5: Drei Ebenen der Lernzielbestimmung 24

Abbildung 6: Didaktische Transformation von Wissen für Lernangebote 26

Abbildung 7: Videolänge im Verhältnis zur Aufmerksamkeit 32

Abbildung 8: Exemplarischer Aufbau eines Lehrvideos 44

Abbildung 9: Aufbau des Lightboards 45

Abbildung 10: Kontakt mit der Glasscheibe 46

Abbildung 11: Vereinfachte Darstellung eines Projektablaufes 48

Abbildung 12: Pre-Production des Konzeptes 51

Abbildung 13: Auszug des Antragsblattes 52

Abbildung 14: Inhaltsfolie der Formatvorlagen 53

Abbildung 15: Live-Production des Konzeptes 54

Abbildung 16: Post-Production des Konzeptes 55

Tabellenverzeichnis

Tabelle 1: Interessensgruppen und deren Anspruchsverteilung 10
Tabelle 2: Beteiligte Akteure in der hochschulinternen Videoproduktion 20
Tabelle 3: Können-Wollen-Matrix 22
Tabelle 4: Formulierung eines Lernzieles 23
Tabelle 5: 3-2-1-Modell für expositorische Lernangebote 27
Tabelle 6: Vergleich zwischen Exposition und Exploration 29
Tabelle 7: Rahmenanalyse des Leitfadens 35
Tabelle 8: Akteure des Leitfadens 36
Tabelle 9: Lerninhalte und -ziele des Leitfadens 39
Tabelle 10: Geeignete Lernzielniveaus für Lightboardvideos 40
Tabelle 11: Didaktische Methode des Leitfadens 41
Tabelle 12: Lernorganisation des Leitfadens 42
Tabelle 13: Medien des Leitfadens 43
Tabelle 14: Vorgehen des Leitfadens 47

Vorwort

Bevor es losgeht, möchte ich mich an dieser Stelle bei allen Personen bedanken, die mich während meiner Bachelorarbeit unterstützt haben.

Mein Dank geht an:

- meinen Betreuer, Prof. Dr. Joachim Knaf, der mir das Thema ermöglicht hat, mir alle Freiräume zur Entfaltung meines Themas ließ und mich mit inhaltlichen Wissen unterstützt hat
- meinen Kommilitonen, Stefan Münch, der mich während der gesamten Bachelorarbeit begleitet hat und besonders bei der Umsetzung meines Konzeptes stark unterstützt hat
- das ZUG-Projekt und allen Beteiligten der Hochschule München, die die Umsetzung des Lightboards bewerkstelligt haben, mich bei einigen Tests beisitzen lassen haben und so meine Experimente zugelassen haben

Zuletzt möchte ich meine Familie hervorheben und mich bei Ihnen bedanken. Diese ist mir mit Rat und Tat zur Seite gestanden. Sowie bei allen Freunden, Bekannten und allen, die ich noch nicht genannt habe, aber mich trotzdem unterstützt haben.

Danke!

1 Einleitung

Heutzutage steht alles im Zeichen der Digitalisierung. Industrie 4.0 und Online-Banking stellen schon längst keinen Einzelfall mehr dar, und so zieht auch der Bildungssektor mit der digitalen Lehre nach. Es gibt immer mehr Fernstudiengänge, Online-Kurse und die meisten Lernmaterialien werden inzwischen auch online verteilt. Gedruckte Vorlesungsskripte sind nur noch selten anzutreffen, anstelle dessen wird die PDF-Version eingesetzt. Diese können sie sich direkt auf dem Tablet, Laptop oder Handy ansehen und wer überhaupt noch möchte, kann sich diese ausdrucken. U. a. stehen MOOCs (Massive Open Online Courses) bei den Hochschulen ganz hoch im Kurs und werden gerne als Inbegriff der digitalen Lehre gesehen.[1]

Aber nur alle Dokumente online als PDF anzubieten, reicht nicht aus. Auch hier müssen Lehrmaterialien attraktiv und ansprechend aufbereitet werden. Bei nicht ausreichender Implementierung werden diese nicht genutzt. Gerade bei den vielfältigen Varianten die online angeboten werden, müssen sie immer mit Vorsicht abgewogen werden. Ein Video regt zum Beispiel deutlich mehr Aufmerksamkeit an, als ein reines Textdokument.

Leider sind heutzutage qualitativ hochwertige Videoproduktionen sehr ressourcenfressend. Welcher Professor kann es sich leisten Videos in Masse zu produzieren, wenn er wieder im Stress zwischen Korrekturen und Vorlesungsvorbereitungen hängt? Auch für die Hochschule ist es zukünftig von Vorteil, nicht Unmengen an Budgets in Lernmedien investieren zu müssen, die am Ende nicht den Qualitätsstandards entsprechen. Und Studierende schauen sowieso viel lieber Videos, als sich seitenweise Skripte durchzulesen.

Doch wie kann die Videoproduktion im Lehrkontext so gestaltet werden, dass diese qualitativ hochwertig, ressourcenschonend und effizient ist? Und welchen Mehrwert bietet das standardisierte Produzieren von Videos für den Lehrkontext?

1.1 Problemstellung

Wie im Vorangegangenen schon angeklungen ist, sind das Hauptproblem der Lehrvideoproduktion die Ressourcen. Videos zu produzieren war schon immer ein sehr aufwändiges und zeitintensives Unterfangen. Und gerade das können viele Hochschulen und Professoren nicht immer aufbringen – Zeit und Geld. Zusätzlich muss

---

[1] Vgl. Deutscher Hochschulverband (2014)

unter allen Umständen der Lernerfolg bei den Studierenden weiter gewährleistet sein. Somit darf die Qualität nicht außer Acht gelassen werden, um diese weiter hoch zu halten. Folgende Fragestellungen lassen sich aus der Problemstellung ableiten und liegen der Arbeit zu Grunde:

- Wie lässt sich die Lehrvideoproduktion in Hinblick auf Didaktik, Produktionsablauf und der technischen Komplexität effizient gestalten?
- Wie kann man die angestrebte Qualität der Lernmedien sicherstellen?
- In welchem Anwendungskontext ist der Einsatz von vereinheitlichten Lehrvideos didaktisch sinnvoll?
- Welche Rahmenbedingungen müssen geschaffen werden?

Folgende Hypothesen liegen der Thesis zu Grunde und stellen die Annahmen der Bachelorarbeit da. Diese lassen sich aus der Problemstellung und den Forschungsfragen ableiten. Anhand dieser Kriterien werden die wissenschaftlichen Ergebnisse der Bachelorarbeit gemessen:

- Durch Standardisierungen im gesamten Produktionsprozess können Lehrvideos ressourcenschonender produziert werden.
- Innerhalb standardisierter Lehrvideokonzepte benötigt die Vorbereitung den größten zeitlichen Aufwand.
- Trotz Vereinheitlichungen und geschaffener Standards lässt sich eine hohe Qualität und Flexibilität der Lehrmedien sicherstellen.

1.2 Methode

Diese Arbeit ist sehr interdisziplinär angesiedelt. Somit wurden viele Fachbereiche mit verschiedenen Gedankengängen aus unterschiedlichen Arealen miteinbezogen. Ziel der Bachelorarbeit ist es qualitative Ergebnisse zu präsentieren und diese zusammenzufassen. Hierfür wird auf quantitative Methoden wie z. B. Umfragen oder Beobachtungen verzichtet.

Eine der zwei wichtigsten Methoden zur Erkenntnisgewinnung dieser Arbeit stellt die Literaturrecherche dar. Gerade die Mediendidaktik wird hier als Standardwerk bemüht. Durch die recht dünn besiedelte Wissenslage in der Literatur, werden manche Aspekte aus verschiedenen Bereichen auf den entsprechenden Anwendungsfall angepasst.

Die zweite Methode ist die eigene Erfahrung. Viel Wissen wurde aus der direkten Auseinandersetzung und Arbeit mit dem Lightboard generiert. Aber auch durch viele Tests, Beobachtungen von verschiedenen Produktionen am Lightboard und der Umsetzung eines konkreten Konzeptes, wird die Bachelorarbeit in jedem Aspekt von eigenen Erkenntnissen angereichert. Diskussionen mit betroffenen Akteuren z. B. Videoteams die das Lightboard benutzt haben oder wissenschaftliche Mitarbeiter der Hochschule München die das Board benutzen wollen, konnten viel an Erfahrungsschatz generieren.

1.3 Vorgehen

Die Bachelorarbeit ist deduktiv-nomologisch aufgebaut. Dies beschreibt ein Vorgehen welches sich vom Allgemeinen hin zum Besonderen vorarbeitet. Vorangegangene Kapitel stellen somit die Grundlage für die weitere Betrachtung dar. Im Verlaufe der Thesis werden diese weiter verfeinert und spezifischer auf das Kapitel und den Anwendungsfall optimiert.

Im ersten Teil der Bachelorarbeit werden die Begrifflichkeiten definiert. Hierunter fallen vor allem die Begriffe Effizienz und Standardisierung. Diese werden für den weiteren Verlauf der Bachelorarbeit als Wissen vorausgesetzt.

Daran anschließend wird der allgemeine Mehrwert und die Herausforderungen von standardisierten Lehrvideos erörtert. Dies wird erst losgelöst auf verschiedene Ebenen durchgeführt. Danach werden diese in Zusammenhang mit betroffenen Personengruppen gestellt. In dieser Betrachtung sind das die Studierenden, die Lehrpersonen und die Hochschule. In den letzten Abschnitten des Kapitels wird auf diese Gruppen noch spezifischer eingegangen und deren Nutzen und Bedürfnisse herausgestellt.

Im vierten Kapitel wird die allgemeine didaktische Herausforderung bearbeitet. Diese wird in zwei Unterpunkte unterteilt: die didaktischen Analysen und die didaktischen Entscheidungen. Während der Analyse wird auf die Rahmenbedingungen, Lehrinhalte und Lernziele eingegangen. Im Anschluss wird bei den Entscheidungen die Methoden, Medien und Lernorganisation erläutert. Dieses Kapitel erarbeitet die Grundlage und den allgemeinen didaktischen Rahmen für alle folgenden Betrachtungen.

Das darauffolgende Kapitel setzt sich mit der effizienten Lehrvideoerstellung anhand des Fallbeispiels des Lightboards auseinander. Im Verlaufe der Passage wird nach und nach auf alle relevanten Punkte eingegangen. Beginnend mit der Rahmenanalyse über die Akteure, Lehrinhalte und -ziele, didaktische Methoden, Lernorganisation und Medien bis hin zum Vorgehen. Unter dem Punkte Medien wird das Lightboard in seinem Aufbau und Funktionsweise erklärt. Zusätzlich wird der Mehrwert dieser Produktionsmethode aufgeführt. Hierbei handelt es sich um ein Fallbeispiel und kann nach Belieben durch ein anderes Medium ersetzt werden.

Im letzten Kapitel des Hauptteils wird exemplarisch ein Konzept ausgearbeitet und mit Hilfe des Lightboards produziert. Die daraus entstandenen Beispielvideos befinden sich im Anhang. Diese wurden streng nach den zuvor ausgearbeiteten wissenschaftlichen Ergebnissen erstellt und an der Hochschule München umgesetzt. Der komplette Produktionsprozess wurde hierfür in die einzelnen Schritte Pre-, Live- und Post-Production unterteilt. Dies soll den Ablauf der einzelnen Arbeiten und Phasen besser visualisieren.

Zum Abschluss der Bachelorarbeit werden alle wissenschaftlichen Ergebnisse im Fazit zusammengefasst. Diese werden im Lichte der zuvor aufgestellten Hypothesen bewertet. Zusätzlich wird noch ein Ausblick über zukünftig denkbare Entwicklungen gegeben.

2 Was ist effiziente Lehrvideoproduktion?

2.1 Begriffsdefinierung Effizienz nach dem Paretoprinzip

Grundsätzlich bezieht sich Effizienz in diesem Kontext auf den Lernerfolg, den benötigten Zeitaufwand der Produktion, den damit zusammenhängenden Kosten und wie diese sinnvoll reduziert werden können. Hierfür bietet sich das Paretoprinzip an, umgangssprachlich auch als die 80/20 Regel bekannt. Diese Regel besagt, dass mit effektiven 20% unseres Zeit- und Arbeitsaufwandes 80% des gesamten Erfolges erzielt werden können (vgl. Abbildung 1).

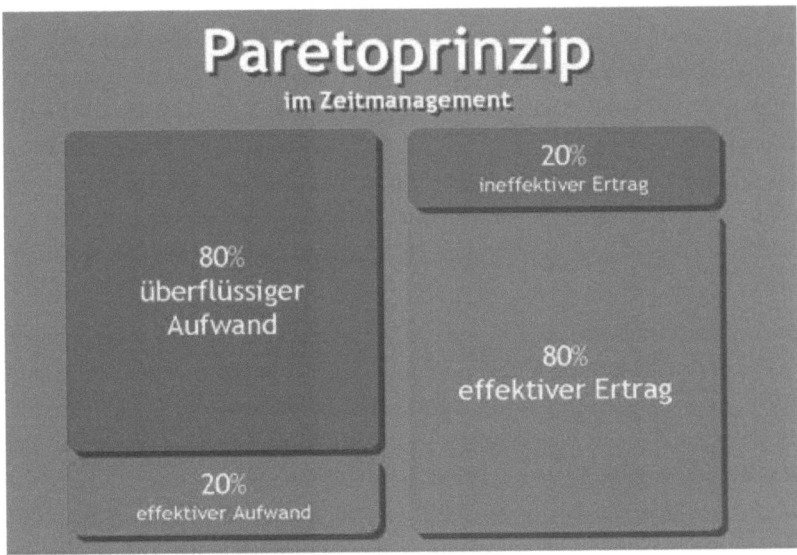

Abbildung 1: Das Paretoprinzip
(Paretoprinzip (2016): https://www.paretoprinzip.org; Stand: 10.04.2018)

Aufgrund dessen, dass hier noch vom effektiven Aufwand und effektiven Ertrag gesprochen wird und nicht von Effizienz, ist es zusätzlich wichtig, den Unterschied zwischen Effektivität und Effizienz zu beleuchten.[2] Jochen Mai erläuterte es 2017 wie folgt:

---

[2] Vgl. Paretoprinzip (2016)

„Während es bei der Effektivität in erster Linie um das Ergebnis (den Effekt) einer Handlung geht, konzentriert sich die Effizienz auf das Verhältnis zwischen Aufwand und Nutzen.

Die bekannteste Formel dazu lautet: Effektiv ist, die richtigen Dinge tun; effizient ist, die Dinge richtig tun.

Oder anders formuliert: Was effektiv ist, muss noch lange nicht effizient sein. Das Paradebeispiel dafür: Wenn Sie ein kleines Feuer löschen müssen, können Sie das mit einer Flasche Champagner oder mit einer Flasche Wasser tun. Der Effekt ist derselbe. Effizienter und vor allem billiger aber ist der Griff zur Wasserflasche."[3]

Vor dem Hintergrund, dass es sich bei den Videos um Lehrangebote und Lehrmaterialen handelt, ist die Effektivität am Lernerfolg und der didaktischen Qualität zu messen. Erst wenn der gewünschte Lernerfolg erzielt wird, kann das Lehrvideo als effektiv und sinnvoll für die Lehre angesehen werden. Bei der Betrachtung des Zeitaufwandes ist wichtig, dass trotz Möglichkeiten zur Einsparung von Arbeitsaufwand immer der gewünschte Qualitätsstandard eingehalten werden muss. Erst wenn ein didaktischer Mehrwert für die Lehre generiert wird, kann im zweiten Schritt auf die Umsetzung der neuen Medien und digitalen Angeboten eingegangen werden.[4]

Daraus lässt sich für die Effizienz folgern, dass die Zeitersparnis hauptsächlich nicht bei der didaktischen Methode, sondern bei der allgemeinen medialen Umsetzung geschehen muss. Gerade bei der filmischen Umsetzung können viele Standards geschaffen werden, die den benötigten Zeitaufwand verringern. Somit lassen sich überflüssige Aufgaben wie z.B. nachträgliche Effekt- und Bildbearbeitungen wegrationalisieren oder vereinheitlichen, während beim didaktischen Aufbau das Hauptaugenmerk auf der qualitativen Erstellung liegt. Bei Verwendung solcher Vereinheitlichungen in der Produktion, spricht man am Ende von standardisierten Lehrvideos.[5]

---

[3] Mai (2017)
[4] Vgl. Hochschulforum Digitalisierung (2016), S.23
[5] Vgl. Walcz (o. J.)

2.2 Was sind standardisierte Lehrvideos?

Standardisierung ist ein weitverbreiteter Begriff, der vielseitig eingesetzt wird. Kontextbezogen kann es eine unterschiedliche Auffassung von Standards geben. In dieser Arbeit beziehen sich die Standards, wie schon in Kapitel 2.1 beschrieben, auf den allgemeinen Produktionsaufwand.

Der Standardisierungsgrad kann von Video zu Video sehr unterschiedlich sein und stark variieren. Wie stark bzw. wie viele solche Vereinheitlichungen angewandt werden, ist primär konzeptabhängig. Zur allgemeinen Standardisierung sagte Walcz:

> „Standards sind immer nur Minimalanforderungen. [...] Alles, was unmittelbar zur Besonderheit meines Produktes beiträgt, muss individuell und passgenau gestaltet [!sic] werden."[6]

Im Kontext der standardisierten Lehrvideos sind wie im Vorherigen schon genannt, die Minimalanforderungen an der technischen Produktion auszulegen. Der didaktische Mehrwert stellt die Besonderheit dar. Für eine einmalige Umsetzung eignet sich ein einfaches, ohne Standards produziertes Lehrvideo. Die Einschränkung der Freiheit und Individualität der Videoproduktion bei einer einmaligen Produktion wirkt sich negativ auf die gesamte Qualität aus. Hierbei spricht man in erster Linie von individuellen Formaten, die einen hohen Produktionswert und individuellen Einsatz von Lernmedien erfordern. Im Gegensatz dazu ist es schwierig in einer Massenproduktion ohne Regularien und Vereinheitlichungen zu arbeiten. Gerade hier lassen sich immer wieder auftretende Arbeitsschritte und Prozesse vereinfachen. Zusätzlich ist es von Vorteil, nicht jede unnötige Kleinigkeit beachten zu müssen. Bei diesen vollautomatischen Formaten steht vor allen die hohe Flexibilität zur Reduzierung des Aufwandes im Vordergrund. Der Grad der Standardisierungen hängt immer vom ausgewählten Konzept ab. Es gibt viele Stellschrauben an denen angesetzt werden kann, z.B. technischer Aufbau und gleichbleibende didaktische Elemente (siehe Kapitel 5, exemplarisch werden alle erforschten Möglichkeiten, welche sich für Standards anbieten am Fallbeispiel des Lightboards durchgegangen).

---

[6] Walcz (o. J.)

Der Einsatz von standardisierten und effizient produzierten Videos eigent sich nur dann, wenn die Qualität des Lehrstoffes nicht negativ beeinflusst wird. Hier sind didaktisch sinnvolle Möglichkeiten für den Einsatz von Lehrvideos im Lernkontext gefragt.[7]

---

[7] Vgl. Walcz (o. J.)

3 Mehrwert und Herausforderungen von standardisierten Lehrvideos

Im folgenden Abschnitt wird der generelle Mehrwert von standardisierten Lehrvideos herauskristallisiert. Dies geschieht losgelöst von allen didaktischen Aspekten. Auf diese wird im Kapitel 4 genauer eingegangen. Zusätzlich soll auf die Herausforderungen eingegangen werden, die ein Lehrvideo bewältigen muss.

3.1 Herausforderungen an Beteiligte

In jedem Prozess, sei es ein Unternehmensprojekt oder die Lehre, gibt es verschiedene Anspruchsgruppen mit unterschiedlichen Bedürfnissen. Für ein neues Lehrangebot bedeutet das, dass es in verschiedenen Perspektiven unterschiedlichen Anforderungen gerecht werden muss. Katja Manski und Rita Meyer haben die Herausforderungen 2008 in Makroebene, Mesoebene und Mikroebene unterteilt:

> „Auf der Makroebene geht es dabei in erster Linie um die Gestaltung bildungspolitischer Rahmenbedingungen. Ziel ist z.B. die Herstellung von Medienkompetenz zur Vermeidung von sozialer Spaltung durch die Teilhabe bzw. Nicht-Teilhabe am Umgang mit neuen Medien. [...]
>
> Auf der Mesoebene geht es um die Gestaltung der Lernumgebung. Der Umgang mit neuen Medien im Sinne eines nachhaltigen Bildungsangebots – und das ist die Voraussetzung für Qualitätsentwicklung – erfordert: lernförderliche Zeitstrukturen, aufgabenorientierte didaktische Konzepte, die Förderung von Selbstlern- und Medienkompetenzen sowie die Professionalisierung des Personals. [...]
>
> Auf der Mikroebene ist der Lernprozess des Subjektes zentral. [...]"[8]

Innerhalb einer Hochschule gibt es drei verschiedene Interessengruppen. Die Hochschule selbst, die Lehrpersonen und die Studierenden. Jedem der Beteiligten lässt sich eine Ebene zuordnen, welche die Hauptinteressen widerspiegelt. Die zwei anderen Ebenen sind dem wichtigsten Interesse untergeordnet (vgl. Tabelle 1), aber nicht vernachlässigbar. Eine strikte Trennung ist hier weder sinnvoll noch möglich.[9]

---

[8] Manski; Meyer (2008), S.17-18
[9] Vgl. Schaumburg (2015), S.4

	Hochschule	Lehrpersonen	Studierende
Primärer Anspruch	Makroebene	Mesoebene	Mikroebene
Sekundärer Anspruch	Mesoebene	Mikroebene	Makroebene
Tertiärer Anspruch	Mikroebene	Makroebene	Mesoebene

Tabelle 1: Interessensgruppen und deren Anspruchsverteilung
(Eigene Darstellung)

Überträgt man jede der drei einzelnen Ebenen auf den Anwendungsfall der standardisierten Lehrvideos, so ergeben sich für jedes Level verschiedene Herausforderungen. Die Hochschule sieht sich hauptsächlich mit den Herausforderungen auf der Makroebene konfrontiert, während sich Lehrpersonen mit der Mesoebene beschäftigen und die Studierenden die Mikroebene im Fokus haben.[10]

3.1.1 Makroebene

In der Makroebene wird alles rund um die bildungspolitischen Rahmenbedingungen und Distributionen zusammengefasst. Hierunter fällt z.B. das Equipment, räumliche Gegebenheiten oder Herstellung von Medienkompetenz zur Vermeidung von sozialer Spaltung im Umgang mit neuen Medien. Gerne wird in diesem Zusammenhang auch vom barrierefreien Lernen geredet.[11] Hierzu erläutern Manski und Meyer:

> „Angesichts der Tatsache, dass der Einsatz von Medien heute in der Arbeitswelt selbstverständlich und nicht mehr wegzudenken ist – die Medien also die Kultur der Arbeitswelt prägen – besteht eine besondere Herausforderung darin, die Bereiche, die nicht explizit zu den modernen Branchen gehören [...] darin zu unterstützen, Medien als kulturellen Bestandteil ihrer Arbeitswelt zu akzeptieren und sie in der Aus- und Weiterbildung ihrer Mitarbeiter zu nutzen. Dies gilt insbesondere vor dem Hintergrund, dass zum einen auch in KMU die wissensbasierte Arbeit zunimmt und zum anderen die neuen Technologien vor diesen Unternehmen nicht Halt machen, sondern im Gegenteil ihre Akzeptanz und Nutzung strategische Wettbewerbsvorteile bieten kann."[12]

---

[10] Vgl. Manski; Meyer (2008), S.17-18
[11] Vgl. Hochschulforum Digitalisierung (2016), S.18
[12] Manski, Meyer (2008), S.17

Überträgt man den Inhalt des Zitates auf die Hochschulbildung und nicht auf die Aus- und Weiterbildung in der Arbeitswelt, so kommt man zu dem Schluss, dass es auch für die Lehre wichtig ist, die neuen Medien einzubinden und sie als neuen Bestandteil der Lehre zu akzeptieren. Die Herausforderung besteht darin, die neuen Technologien zu akzeptieren und von ihnen zu profitieren. Lehrvideos stellen hierbei lediglich einen Teil davon dar und sind gleichermaßen betroffen wie z.B. E-Learning-Angebote. Allerdings muss beachtet werden, dass die Produktion von Lehrvideos nicht ohne Probleme von einem Anwendungsfall auf den nächsten übertragen werden kann. Jede Erstellung muss mit einem eigenen Konzept und Rahmenbedingungen bedacht werden.[13] Dies hat zur Folge, dass die Hochschule nicht ohne weiteres alle Ressourcen interdisziplinär verwenden kann. Hierfür müssen entsprechende Voraussetzungen und Kompetenzen organisiert und geschaffen werden.[14]

3.1.2 Mesoebene

Die Mesoebene beschäftigt sich mit der Erstellung eines nachhaltigen und qualitativen Lehrangebotes, in diesem Fall der Videos. Herausforderungen bestehen hierbei in der Umsetzung didaktisch sinnvoller Methoden, einer guten Einbindung in den Lehrkontext und Professionalisierung der Beteiligten im Umgang mit der Videoproduktion. Vor allem die passende Auswahl von Didaktik und Methodik für den Lehrplan steht hier im Vordergrund. Hierzu schreibt das Hochschulforum Digitalisierung:

> „Digitale Lehre ist damit nicht grundsätzlich besser oder schlechter als analoge Lehre, sondern anders. Beide hängen von pädagogischen und didaktischen Konzepten, deren Umsetzung und guten Lehrenden ab und bemessen sich an den jeweiligen Lernzielen"[15]

Für die standardisierte Videoproduktion lässt sich daraus schließen, dass es für bestimmte didaktische Methoden sinnvollere Umsetzungen gibt. Das können normale Videoproduktionen, klassische PowerPoint-Präsentationen oder auch Vorlesungsaufzeichnungen sein. Dieser Aspekt wird in Kapitel 4 genauer erläutert.

---

[13] Vgl. Meinhard; Clames; Koch (2014), S.60-62
[14] Vgl. Manski; Meyer (2008), S.17
[15] Hochschulforum Digitalisierung (2016), S.23

Grundsätzlich lässt sich sagen, dass bei standardisierten Lehrvideos die Vorbereitung eine viel wichtigere Rolle einnimmt.

Eine gute Aufbereitung der Lehrinhalte vorab ist Vorraussetzung. Zusätzlich müssen Lehrpersonen auf die Videoerstellung und Produktion vorbereitet werden.[16]

3.1.3 Mikroebene

Auf der Mikroebene spielt sich der Lernprozess ab. Dementsprechend nimmt das Subjekt, in diesem Fall der Lernende, die zentrale Rolle ein. Zu den dazugehörigen Herausforderungen sagen Manski und Meyer:

> „Gerade in Bezug auf das Lernen mit neuen Medien ist hier relevant, ob durch den Lerngegenstand „Medien" Lernwiderstände erzeugt werden (vgl. GROTLÜSCHEN 2006) und wie diesen Lernwiderständen organisatorischstrukturell [!sic] und didaktisch-methodisch begegnet werden könnte. Zu klären wäre auch, welche Rolle in diesem Prozess Lernprozessbegleitung und -beratung spielen."[17]

Im Zusammenhang mit den Lernvideos bedeutet das, dass auch didaktisch sinnvolle Videos nicht immer ohne Probleme ihr Wissen transportieren können. Wichtig hierbei ist es, die Interessen und Lernbedürfnisse der Bildungsteilnehmer in den Mittelpunkt zu rücken. Manche Lernende können mit klassischen Foliensätzen besser lernen, als mit einem Video. In diesem Fall sollte von Lehrvideos Abstand genommen werden. Deswegen muss die Verwendung von standardisierten Lehrvideos auch von den Studierenden angenommen und nicht ignoriert werden. Wie im obigen Zitat schon erwähnt, kann auch eine Lernprozessbegleitung und -beratung hilfreich sein.[18]

Bei der standardisierten Lehrvideoproduktion ist zu beachten, dass auf Dauer die Abwechslung und der Neuigkeitswert für die Lernenden fehlt. Daraus können sich Abnutzungserscheinungen nach einiger Zeit bemerkbar machen und Langeweile und Desinteresse zur Folge haben. Mit Abwechslung und größerer Flexibilität in der Wahl der Lehrmedien kann entgegengewirkt werden. Hierfür ist die Anwendung von verschiedenen Konzepten sinnvoll, gerade bei thematisch unterschiedlichen Inhalten.

---

[16] Vgl. Manski; Meyer (2008), S.17
[17] Manski; Meyer (2008), S.18
[18] Vgl. Manski; Meyer (2008), S.18

Abschließend muss beachtet werden, dass die jeweilige Instanz hauptsächlich für die Umsetzung der primären Ebene zuständig ist. Die Studierenden können schwierig räumliche Baumaßnahmen in Auftrag geben. Genauso wenig bringt es den Lehrpersonen etwas, wenn sie den Stoff lernen und nicht die Studenten. Wenn die standardisierten Lehrvideos den vorherig genannten Herausforderungen gerecht werden, kann sich ein Mehrwert einstellen.

3.2 Mehrwert für Studierende

Aus den Herausforderungen in der Mikroebene ergeben sich diverse Mehrwerte für die Studenten. Da es sich bei Lehrvideos um digitale Angebote handelt, bringen sie im Vergleich zu den klassischen Lehrformen die gängigen Vorteile mit sich. Dies sind in erster Linie die Zeit- und Ortsunabhängigkeit.

Schon heute erfreuen sich Streaming-Dienste immer größerer Beliebtheit. In der heutigen Zeit der Online-Studiengänge, des Pendelverkehrs und der Digitalisierung, erlangt das Abrufen von gewünschten Informationen in jeder Lebenslage immer größerer Bedeutung. Kinder, die schon heute mit Smartphones und Tablets aufwachsen, erachten YouTube oder Streaming-Dienste wichtiger als Fernsehen. Diese Verhaltensänderung, weg von linearen Medien hin zum frei Abrufbaren, kann auch im Lehrkontext umgesetzt werden. Denn auch in der Lehre genießen Videoangebote im Vergleich zu allen gängigen Lernmedien schon heute die höchste Nutzungsfrequenz in der Freizeit (vgl. Abbildung 2).

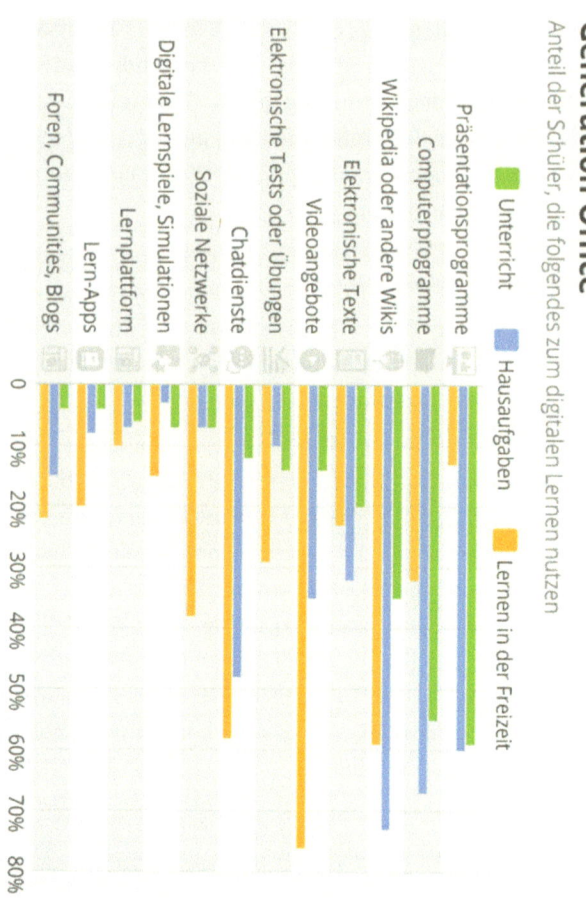

Abbildung 2: Anteile der Nutzung digitaler Lernangebote
(Bertelsmann Stiftung, Monitor Digitale Bildung (2017)

Diese hohe Nachfrage kann mit standardisierten Lehrvideos nachgekommen werden. Die Videos als Ersatz oder Ergänzung zum personellen Unterricht anzubieten, kann auch einen individuellen und in der Geschwindigkeit angepassten Lernpfad für die Studierenden unterstützen.

Zusätzlich bietet die standardisierte Lehrvideoproduktion die Möglichkeit, viele Lehrvideos in gleichbleibender Qualität zu produzieren. Studierende können eine klare Erwartungshaltung gegenüber den Lehrvideos generieren. Sie wissen welche Lehrinhalte in welchem Kompetenzniveau, Qualität, Umfang und Tiefgang sie erwarten können. Dies steigert für Lernende den Wiedererkennungswert.

Vergleichbares kann man bei vielen Fernsehserien beobachten (z.B. gleichbleibendes Intro, Spannungsbögen und Protagonisten). Dies hilft den Studierenden, eine bessere Bindung zum Medium aufzubauen, und kann somit eine höhere Beliebtheit und Nutzung zur Folge haben.

Durch die standardisierte Lehrvideoproduktion können mehr Inhalte des mit Abstand beliebtesten Lernmediums in der Freizeit geschaffen werden (vgl. Abbildung 2). Wenn es sich hierbei um didaktisch sinnvolle und wertvolle Videos handelt, kann sich schon allein durch die regelmäßige Nutzung ein höherer Lernerfolg einstellen.

3.3 Mehrwert für Lehrpersonen

Der Mehrwert für Lehrpersonen stellt sich auf der Mesoebene ein. Durch die Standardisierungen bietet sich eine einfache Möglichkeit, Lehrvideos ohne größeren Aufwand selbst zu produzieren. Statt Studierende oder Agenturen zu beauftragen, hat die Lehrperson die Möglichkeit, ihre eigenen Wünsche und Anforderungen an das Video direkt einzubringen und umzusetzen. Nur sie weiß am besten, welche Zielgruppe wie bedient werden muss und welche Inhalte die Studierenden brauchen.

Zusätzlich ist es ein einfacher Weg statische Lehrmedien zu produzieren, die nicht regelmäßiger Überarbeitung bedürfen. Mit einem einmaligen Aufwand, lässt sich ein verhältnismäßig großer Erfolg bewerkstelligen. Nach der Produktion besteht die Möglichkeit, immer darauf zurückzugreifen und im Zweifel Anpassungen vorzunehmen. Ein weiterer Vorteil ist, dass Lehrvideos sowohl einzelne Unterrichtseinheiten ersetzen können oder sinnvolle Ergänzungen darstellen. Somit ist eine einfache mediale Aufwertung des Unterrichtsstoffes möglich.

Da bei der standardisierten Lehrvideoproduktion das Hauptaugenmerk auf dem didaktischen Mehrwert liegt, kann die Qualität des Lehrstoffes weiter hoch gehalten werden. Trotz dem kurzfristig höheren Arbeitsaufwand der Videoerstellung, lässt sich langfristig der Aufwand bei gleichzeitig bleibendem oder wachsendem Lernerfolg reduzieren.

3.4 Mehrwert für Hochschulen

In der Makroebene sind die Hochschulen die Handlungsträger. Dementsprechend stellt sich auch für sie der Mehrwert bei erfolgreicher Videonutzung auf diesem Level ein. Standardisierte Videoerstellung bietet eine effiziente und sparsame Möglichkeit die Digitalisierung der Lehre voranzutreiben. Zusätzlich kann in diesen Aspekten ein einheitlicher Qualitätsstandard der Lehre sichergestellt werden. Bei erfolgreicher Implementierung kann der Produktionsprozess einfach zu skalieren und interdisziplinär zu nutzen sein. Die Universität kann somit schon geschaffene Rahmenbedingungen wie Equipment und Wissen hochschulintern anpassen und nutzen. Dies reduziert nicht nur die anfallenden Kosten, sondern auch den benötigten Zeitaufwand. Darüber hinaus ermöglicht die Lehrvideonutzung attraktive Lehrangebote. Digitale Lehre wird einen immer wichtigeren Bestandteil für die Lehre von Morgen einnehmen. Mit einfach zu produzierenden Lehrfilmen können Hochschulen somit besser für die Zukunft gerüstet sein. Auch haben attraktive Lehrangebote einen guten Einfluss (u.a. zukunftsorientiert, digital, qualitativ) auf die Wirtschaft, wodurch weitere interessante Zusammenarbeit mit Unternehmen gefördert werden kann. Unternehmen bezeichnen heute schon mit 93% die Videos und Erklärfilme als eine der wichtigsten Lernformen in Unternehmen für die kommenden drei Jahre (vgl. Abbildung 3).

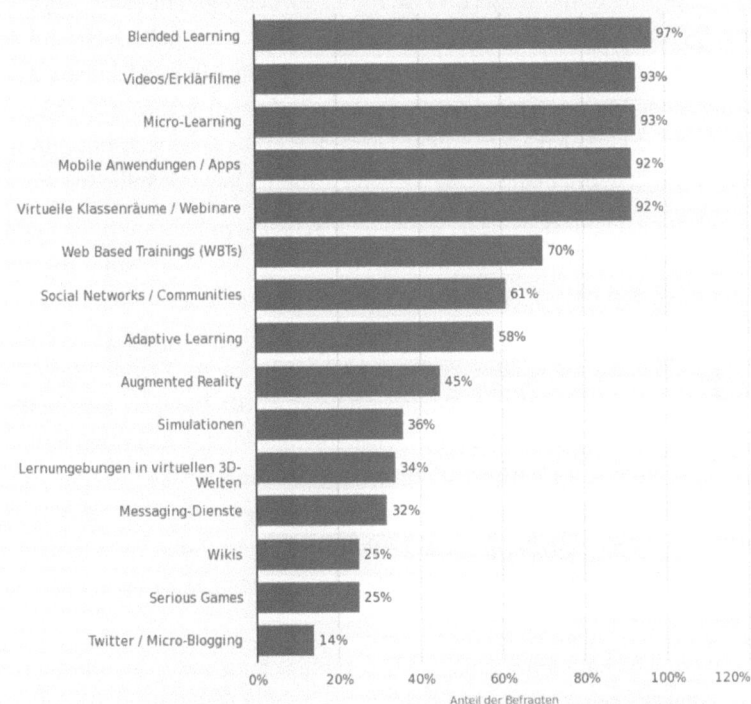

Anteil der Befragten, die der Nutzung der folgenden Anwendungen als Lernformen in Unternehmen in den kommenden drei Jahren eine zentrale Bedeutung beimisst, in der DACH-Region im Jahr 2017/18

- Blended Learning: 97%
- Videos/Erklärfilme: 93%
- Micro-Learning: 93%
- Mobile Anwendungen / Apps: 92%
- Virtuelle Klassenräume / Webinare: 92%
- Web Based Trainings (WBTs): 70%
- Social Networks / Communities: 61%
- Adaptive Learning: 58%
- Augmented Reality: 45%
- Simulationen: 36%
- Lernumgebungen in virtuellen 3D-Welten: 34%
- Messaging-Dienste: 32%
- Wikis: 25%
- Serious Games: 25%
- Twitter / Micro-Blogging: 14%

Anteil der Befragten

Abbildung 3: Wichtigkeit von Lernformen in Unternehmen für die kommenden drei Jahre
(MMB-Institut für Medien- und Kompetenzforschung (2018))

Zusammenfassend lässt sich sagen, das die effiziente Lehrvideoproduktion und die Verwendung von solchen, der Hochschule die Möglichkeit bietet, sich und die Lehre kostensparend für die Zukunft zu rüsten.

4 Didaktische Herausfordungen bei standardisierten Lehrvideos

Wie im vorherigen Kapitel aufgezeigt, besitzen alle beteiligten Gruppen verschiedene Ansprüche und bringen diverse Herausforderungen mit sich. Abgesehen von den aufgeführten Vorteilen die digitale Angebote haben (z.B. Orts- und Zeitunabhängigkeit), steht bei Studierenden primär der höhere Lernerfolg im Vordergrund. Lehrpersonen hingegen möchten ihren Aufwand langfristig reduzieren, bei gleichbleibendem oder sogar steigendem Lernerfolg. Dies lässt sich mit guten didaktischen Methoden und halbautomatischen Formaten bewerkstelligen.

Grundsätzlich gilt, dass es keine guten oder schlechten Lehrmethoden gibt. Es gibt nur besser oder schlechter geeignete Methoden, die der Zielgruppe angepasst werden müssen. Viel wichtiger als die technische Umsetzung ist die inhaltliche Aufbereitung der Thematik. Wie bei neuen technischen Medien – aktuell gut am Beispiel der Virtual Reality zu sehen – verfliegt nach recht kurzer Zeit der Neuigkeitswert und die Inhalte kommen zum Tragen. Hierbei ist die Didaktik maßgeblich beteiligt.[19] Die große Herausforderung bei mediengestützten Lehrangeboten besteht darin, dass Videos im Vorhinein gut geplant werden müssen. Wo im klassischen Unterricht direkt auf Unklarheiten und Fragen reagiert werden kann, ist es bei digitalen Angeboten schwieriger, die Reaktion des Lernenden einzufangen. Deshalb ist es wichtig, im Voraus so viel wie möglich über den Lehrkontext in Erfahrung zu bringen.[20]

Das didaktische Rahmenmodell von Heimann, Schulz und Otto teilt die Erstellung in die didaktischen Analysen und didaktischen Entscheidungen auf. Die Analysen beziehen sich auf Rahmenbedingungen, Inhalte und Ziele, während bei den Entscheidungen die Methoden, Medien und Lernorganisation eine wichtige Rolle spielen (vgl. Abbildung 4). Die Entscheidungsfelder der didaktischen Planung befasst sich mit den Lehrinhalten, Lehrzielen, Lehrmethoden und den didaktischen Medien.[21]

---

[19] Vgl. Hochschulforum Digitalisierung (2016), S.23
[20] Vgl. Kerres (2018), S.226-227
[21] Vgl. Kerres (2018), S.228-231

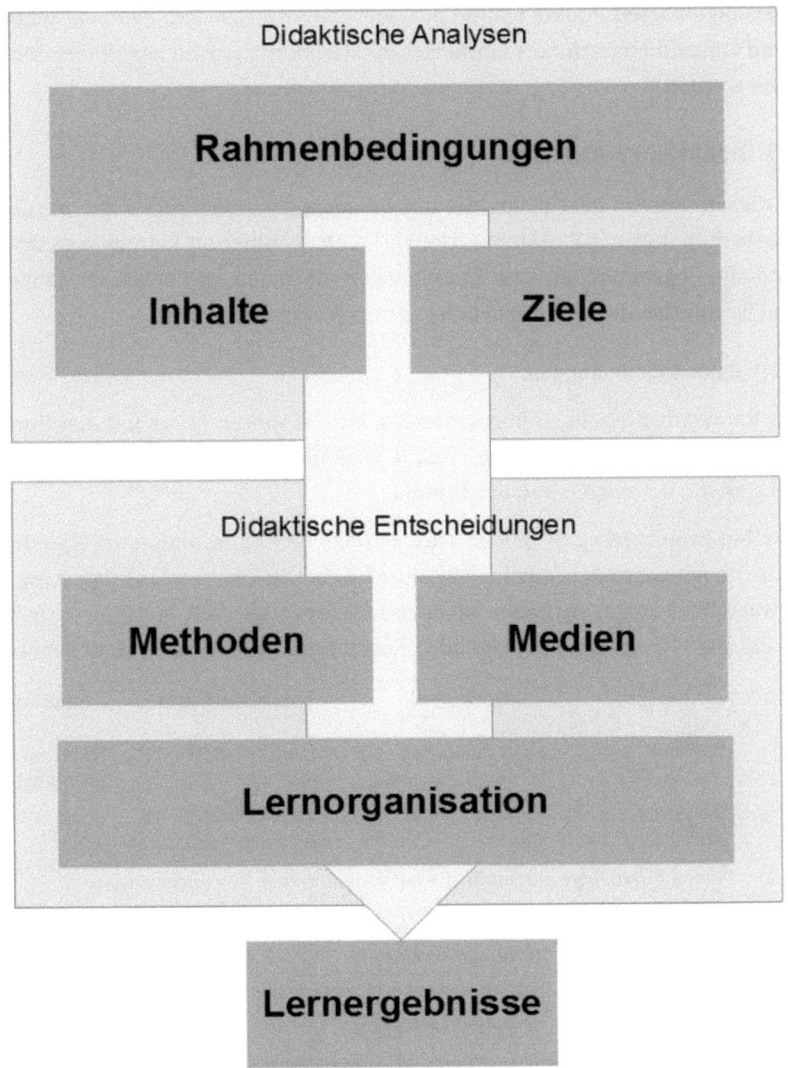

Abbildung 4: Didaktisches Rahmenmodell
(Grobe, Rasmus (2016): https://www.lernen-neu-denken.de/category/didaktische-modelle/; Stand: 12.06.2018)

Alle aufgeführten Punkte sollten beachtet und in Erfahrung gebracht werden. So kann ein mediengestütztes Lernangebot didaktisch sinnvoll konzipiert und umgesetzt werden.[22]

4.1 Didaktische Analysen

In diesem Kapitel geht es um die didaktischen Analysen. Hierunter werden Rahmenbedingungen (z.B. Akteure, Umfeld), Lehrinhalte und Lehrziele gezählt. Dies sind alle Gegebenheiten bzw. Bedingungen die schon im Vorfeld vorhanden sind und woran sich das Lehrkonzept letztendlich orientieren wird.

4.1.1 Rahmenbedingungen

Die Rahmenbedingungen überschneiden sich zu weiten Teilen mit den Herausforderungen auf der Makro-, Meso- und Mikroebene. Die wichtigsten Bausteine hierbei sind die Beteiligten und das Umfeld.

Wie bei Projektarbeiten gibt es auch bei der Videoproduktion verschiedene Akteure und Stakeholder. Jede Person muss hierbei bedacht und die davon jeweiligen Erwartungen an das Vorhaben angemessen einbezogen werden. Eine grobe Vereinfachung der am meisten auftretenden Konstellation der Akteure stellt Tabelle 2 dar.

	Hochschule	Lehrbeauftragte	Studierende
Aufgabe	Stellt Equipment (Technik, Personal)	Erstellten den Videoinhalt	Benutzen das Lehrangebot
Erfolgskriterium	Verbesserung der Lehre	Weniger Aufwand bei gutem Lernerfolg	Höherer Lernerfolg

Tabelle 2: Beteiligte Akteure in der hochschulinternen Videoproduktion (Eigene Darstellung)

Wie in dieser Tabelle zu sehen, gibt es bei der hochschulinternen Videoproduktion meistens klar geregelte Aufgaben und Erfolgskriterien. Jede der beteiligten Gruppen kann aus mehreren Personen bestehen.

Die Studierenden sind hauptsächlich die Nutzer des Lehrangebotes. Mit der Erstellung des eigentlichen Angebotes haben sie nichts zu tun, aber am Ende müssen sie mit den Videos lernen können. Deswegen muss diese Zielgruppe genauer analysiert werden, um das Lernangebot an ihre Bedürfnisse anzupassen.[23] Abgesehen

---

[22] Vgl. de Witt; Czerwionka (2013), S.45
[23] Vgl. Kerres (2018), S.271-272

von allgemeinen Merkmalen (u.a. Größe der Zielgruppe, Alter, zeitliche Ressourcen, geografische Verteilung) sollten vor allen Dingen das Vorwissen und die Lernmotivation (intrinsisch oder extrinsisch) geklärt werden.[24] Intrinsische Lernmotivation bedeutet, dass die Motivation vom Lernenden selbst ausgeht (von innen). Die extrinsische Lernmotivation wird dem Studenten von außen vorgegeben und angereizt. Für sie zählt ein neues Lehrvideo als erfolgreich bzw. sinnvoll, wenn sich ein Lernerfolg einstellt.

Lehrbeauftragte besitzen in diesem Prozess eine Schlüsselrolle. Sie sind hauptsächlich für die Inhalte des Videos verantwortlich und geben meistens auch den Anstoß dazu. Bei traditionellen Lehrangeboten lag die Produktion bisher autonom in deren Hand. Bei der Realisierung von mediengestützten Lernangeboten (z. B. standardisierte Lehrvideos) bedarf es aber noch zusätzlicher didaktischer Expertise und Medienkompetenz. Diese können sie sich selbst aneignen, was den Aufwand kurzfristig erhöhen würde, aber auf lange Sicht wieder Vorteile bringt. Wahlweise kann eine weitere Person in die Erstellung einbezogen werden.[25]

Sobald die Lehrenden gleichviel oder weniger Aufwand für neue Lernutensilien aufbringen müssen, während der Lernerfolg bleibt oder steigt, ist das Projekt für sie ein Erfolg.

Hochschulen haben mit der direkten Erstellung des Videos weniger zu tun. Sie stellen lediglich das Equipment (z.B. Kamera, Räumlichkeiten) und das nötige Personal für die Produktion. Bei gut geschulten Lehrbeauftragten oder sehr standardisierten Aufnahmemethoden können zusätzliche Produktionshelfer wegfallen. Dies bezieht sich vorrangig auf die Produktionstechnik. Für die Erstellung mediengestützter Lernangebote bedarf es allerdings weiterer Kompetenzen. Diese können sie sich mit Weiterbildungen der Lehrbeauftragten aneignen, oder geschultes Fachpersonal hinzuziehen, welches dann in den Produktionsablauf mit eingebunden werden muss.[26] Erfolgreich ist die Videoproduktion, wenn sich die Qualität der Lehre aus Sicht der Hochschule verbessert.

Zur Vervollständigung der Rahmenbedingungen ist auch das Umfeld zu analysieren. In diesem Kontext werden alle sonstigen Bedingungen und Merkmale zusammengefasst. Darunter zählt alles, das das Lernangebot beeinflussen könnte, z. B.

---

[24] Vgl. Kerres (2018), S.284-289
[25] Vgl. Kerres (2018), S.277
[26] Vgl. Kerres (2018), S. 279-283

Inhalt der Vorlesung (geisteswissenschaftlich, naturwissenschaftlich), Nutzungsdauer des Angebotes, Budget oder ob es in Zusammenarbeit mit einer Firma entsteht. Zusammenfassend lässt sich sagen, dass in den Bedingungen alles analysiert werden muss, was den aktuellen Rahmen des Lehrkontextes beeinflusst, in dem das Videoangebot eingebunden werden soll.

4.1.2 Lehrinhalte

Grundsätzlich lässt sich sagen, dass Lernangebote nur ein Bildungsproblem oder -anliegen lösen können, soweit denn eines vorhanden ist. Nur wenn Lernende sich mit dem Stoff auseinandersetzen wollen, aber es nicht können, handelt es sich um ein Bildungsproblem. Und das was sie lernen wollen, ist in den meisten Fällen der Lehrinhalt (vgl. Tabelle 3.).

Hoch	Motivationsdefizit (A)	Umgebungsfaktoren (B)
Niedrig	Personalauswahl (C)	Bildungsproblem (D)
Können/Wollen	Niedrig	Hoch

Tabelle 3: Können-Wollen-Matrix
(Eigene Darstellung nach Kerres (2018), S.302)

Proaktiv können auch Videos produziert werden, bei denen ein absehbarer Nutzen besteht, obwohl es kein direktes Bildungsproblem gibt (z. B. Neuausrichtung der Lehre).[27]

Videos können alle Themengebiete aufgreifen. Zu beachten ist, dass Lehrvideos in Geistes-, Sozial- und Kulturwissenschaften hauptsächlich einen verstehenden Charakter besitzen. Wo hingegen bei Naturwissenschaften der erklärende Aspekt die zentrale Rolle einnimmt. Egal mit welcher didaktischen Methode der Lerninhalt produziert wird, wichtig sind sinnvolle didaktische Einsatzszenarien. Folgende Vorschläge sind als Umsetzung in einem Video denkbar:

---

[27] Vgl. Kerres (2018), S.302

- Prüfungsvorbereitung
- Lernzielkontrollen
- Überblick Lehrstoff
- Lehrveranstaltungszusammenfassung
- Lehrveranstaltungsvorbereitung
- Gezielte Lernunterstützung – beschreibendes Wissen
- Gezielte Lernunterstützung – anleitendes Wissen

4.1.3 Lernziele

Um den Lernerfolg messen zu können, müssen Lernziele definiert werden. Hierbei reicht es allerdings nicht aus nur die Ziele zu beschreiben, sondern auch die Ergebnisse der Lernaktivität sind zu konkretisieren.[28]

Um von einem Lernerfolg sprechen zu können muss benannt werden, woran dieser festgemacht wird. Jedoch ist es schwierig bzw. nicht immer möglich, sichtbare Verhaltensänderungen zu beschreiben, die als Wissenserwerb gelten könnten.[29]

Lernziele müssen sich immer mindestens aus den folgenden drei Bestandteilen zusammensetzen:

- Akteur: Person die etwas lernen soll
- Handlung: eine Handlung die als Ergebnis beherrscht werden soll
- Gegenstand: ein Gegenstand auf den sich die Handlung bezieht

Akteur	Handlung	Gegenstand
Die Studierenden	können ein Video schneiden	*mit Premiere*

Tabelle 4: Formulierung eines Lernzieles
(Eigene Darstellung nach Kerres (2018), S.319)

Zusätzlich werden die Lernziele in dreifacher Hinsicht geordnet:

- Gegenstand des Lernzieles
- Wissen, Fertigkeit oder Einstellungen
- Angestrebtes Leistungsniveau

---

[28] Vgl. Kerres (2018), S.303
[29] Vgl. Döring (2010)

Aus diesen drei Ebenen heraus, lassen sich die Lernziele besser gliedern und beschreiben (vgl. Abbildung 5).

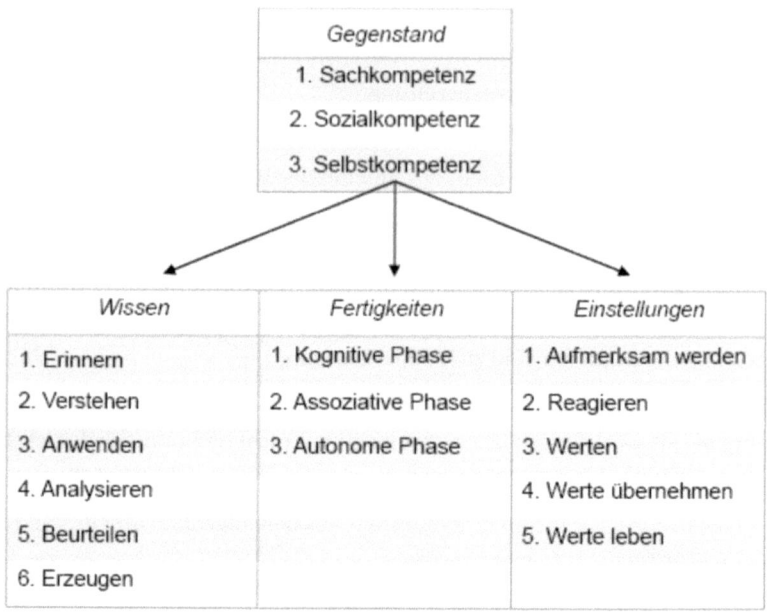

Abbildung 5: Drei Ebenen der Lernzielbestimmung
(Eigene Darstellung nach Kerres (2018), S.320)

Der Gegenstand des Lernziels kann in drei Varianten untergliedert werden (vgl. Abbildung 5). Auf einen der drei Kompetenzen bezieht sich der Inhalt des Lehrvideos.

Die Sachkompetenz beschreibt den Umgang mit der materiellen Umwelt und symbolischen Artefakten (z.B. Bilder, Videos). Sozialkompetenzen beziehen sich auf das Zwischenmenschliche und das Verhältnis des Einzelnen zu seinen Mitmenschen. Bei Selbstkompetenzen geht es um den Umgang mit sich selbst. Hierunter fällt z. B. der Umgang mit Emotionen oder dem eigenen Lernen. [30]

Zusätzlich muss innerhalb den drei Kompetenzen zwischen Wissen, Fertigkeiten und Einstellungen unterschieden werden. Hier muss beachtet werden, welches Leistungsniveau mit einem standardisierten Videoangebot sinnvoll gelehrt werden

---

[30] Vgl. Kerres (2018), S.312-313

kann. Je höher das einzelne Leistungsniveau ist, umso schwerer wird es dieses zu vermitteln, und es bedarf eines höheren Lehraufwandes. Das Wissen beinhaltet die Niveaus Erinnern, Verstehen, Anwenden, Analysieren, Beurteilen und Erzeugen (vgl. Abbildung 5). Gut mit Lehrvideos zu vermitteln und damit zu empfehlen sind auf diesem Niveau die Stufen Erinnern, Verstehen und Anwenden. Analysieren ist mit erhöhtem Aufwand realisierbar. Hingegen kann mit standardisierten Lehrvideos nur sehr schwierig die Kompetenz Beurteilen oder Erzeugen gelehrt werden.[31]

Lehren von einzelnen Fertigkeiten gestaltet sich nur mit Videos als äußerst schwierig. Hier unterteilen sich die Niveaus in die kognitive Phase, assoziative Phase und autonome Phase (vgl. Abbildung 5). Um eine der Fertigkeitsstufen zu erlangen, muss deklaratives Wissen (Wissen über einzelne Sachverhalte) in prozedurales Wissen (Fertigkeiten etwas durchzuführen) umgewandelt werden. Deklaratives Wissen kann im besten Fall mit einfachen Darbietungen (wie z. B. Lehrvideos) vermittelt werden. Um dieses jedoch in prozedurales Wissen zu überführen, sind zusätzlich Übungen und die Anwendung des Gelernten notwendig.[32]

Die letzte Kompetenz sind die Einstellungen. Diese unterteilen sich in die fünf Kategorien Aufmerksam werden, Reagieren, Werten, Werte übernehmen und Werte leben (vgl. Abbildung 5). Die letzten zwei Stufen werden mit Lehrvideos alleine kaum erreicht werden können. Allerdings sind die unteren Niveaus einfach zu erreichen und können beim Lernen mit Medien sehr wichtig sein. Hier ist zu überlegen, inwiefern das Angebot auch affektive Ziele verfolgt.[33]

Zusammenfassend lässt sich sagen, dass die höchsten Stufen einer Kompetenz mit reinen Lehrvideoangeboten äußerst schwierig zu erreichen sind. Je höher das einzelne Niveau anzusiedeln ist, desto mehr Aufwand muss dafür betrieben werden. Ein höheres Leistungsniveau ist einem niedrigerem immer vorzuziehen, da es eine nachhaltigere Lehre begünstigt und die unteren Niveaus miteinschließt. Allerdings sollten die Lernziele immer passend zum Lehrstoff formuliert werden, denn unrealistische Zielformulierungen wirken sich auch negativ auf den Lehrkontext aus.

---

[31] Vgl. Kerres (2018), S.314-316
[32] Vgl. Kerres (2018), S.316-317
[33] Vgl. Kerres (2018), S.318-319

4.2 Didaktische Entscheidungen

Auf die Analyse folgt die didaktische Entscheidung. Nach den geklärten Vorraussetzungen, geht es in diesem Kapitel hauptsächlich um die didaktische Umsetzung und wie man diese gestaltet.

4.2.1 Methoden

Die Lehrinhalte von standardisierten Lehrvideos vermitteln sich nicht nur durch reine Präsentationen, sondern sollten mit einer didaktischen Methode angereichert werden. Hierfür lassen sich die Ansätze in drei verschiedene Richtungen gliedern:

- Exposition
- Exploration
- Problemorientierung

Für jede der drei Methoden gibt es verschiedene Vorgehensweisen und Schwerpunkte. In der Mediendidaktik geht man davon aus, dass entgegen der Vorstellung die Lehre als Wissensübertragung zu verstehen, Lernprozesse mit methodisch aufbereitetem Wissen angeregt werden können. Das Medium an sich (z. B. Videos) transportiert kein Wissen. Didaktische Methoden helfen Lerninhalte aufzubereiten um bestimmte Prozesse anzuregen und Lernergebnisse zu erzielen (vgl. Abbildung 6). In diesem Zusammenhang wird gerne von einer didaktischen Transformation gesprochen. Lerninhalte werden unter Anwendung einer Methode zu einem Lernangebot aufbereitet.[34]

Zusätzlich ist zu beachten, dass Medien nicht gleich Methoden sind. Standardisierte Lehrvideos sind eine Art der medialen Umsetzung, die darin enthaltende Methode ist aber ein andere (z.B. Präsentation).[35]

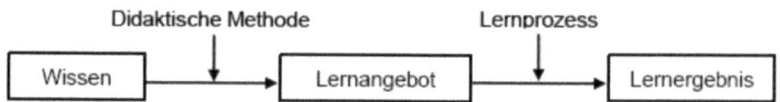

Abbildung 6: Didaktische Transformation von Wissen für Lernangebote
(Eigene Darstellung nach Kerres (2018), S.329)

---

[34] Vgl. Kerres (2018), S.327-329
[35] Vgl. Kerres (2018), S.229

4.2.1.1 Expositorische Methode

Die Aufbereitung von einzelnen Lehrvideos lässt sich mit expositorischen (= darbietenden) Methoden bewerkstelligen, da es sich um ein statisches Medium handelt. Hierbei stehen Präsentationen u. a. mit Texten, Audios oder Videos im Vordergrund. In diesem Zusammenhang ist eine starke Steuerung des Lernpfades und der Sachstruktur gegeben. Aufgabe des Lernenden ist zunächst die Rezeption des Lernstoffes. Die Darbietung des Inhaltes beinhaltet allgemeine Aussagen aber auch konkrete Beispiele, welche induktiv oder deduktiv dargeboten werden können. Beim induktiven Vorgehen, wird das Wissen vom Konkreten zum Allgemeinen angeordnet. Die deduktive Variante erläutert den Lehrinhalt vom Allgemeinen zum Besonderen.[36]

Einen Rahmen zum Aufbau expositorischer Lehrangebote liefert das 3-2-1-Modell (vgl. Tabelle 5). Dieses lässt sich im Ansatz auch auf die Lehrvideoerstellung anwenden. Hierfür muss unterschieden werden zwischen Aufbereitung des Videos als selbstständiges Medium oder als abhängiges Medium in einem gesamten Lehrkontext.

Element	Didaktisches Element	Funktion im Lernprozess	Mögliche methodische Varianten
3	Lerninformation	Orientierung	Vortrag, selbstgesteuertes Lernen
	Lernmaterial	Anregung	Präsentation
	Lernaufgaben	Aktivierung	Kooperatives Lernen
2	Kommunikation	Unterstützung	Tutoriell betreutes Lernen
	Kooperation		Sozial-kommunikatives Lernen
1	Tests	Orientierung, Motivierung	Zertifizierung, Testung, Selbstkontrolle

Tabelle 5: 3-2-1-Modell für expositorische Lernangebote
(Eigene Darstellung nach Kerres (2018), S.336)

Das 3er-Element muss immer gegeben sein; es besteht zwingend aus den drei Basiselementen Lerninformation, Lernmaterial und Lernaufgaben. Mit der Lerninformation muss verständigt werden, welche Lehrinhalte vermittelt werden (Um was geht es hier?). Das Lernmaterial besteht meistens aus dem Video selber. Hier können Bilder, Animationen, Texte o. ä. eingebunden werden. Allerdings kann auch auf

---

[36] Vgl. Kerres (2018), S.330-333

weiterführende Unterlagen außerhalb des Videos Bezug genommen werden. Hierfür bedarf es einer sinnvollen Einbettung in den Gesamtkontext. Lernaufgaben sollen die Lernaktivität und die Auseinandersetzung mit den Lernmaterialien gewährleisten. Je nach angestrebtem Kompetenzniveau (vgl. Kapitel 4.1.3) reicht manchmal das bloße Anschauen des Videos aus. Bei höheren Lernzielen sollten allerdings weitere Aufgaben Anwendung finden. Diese lassen sich auch innerhalb des Videos realisieren, können aber auch außerhalb des Videos umgesetzt werden.[37]

Zusätzlich lässt sich das 3er-Element eigenständig in einem Video umsetzen. Somit bedarf das Lehrvideo nicht zwingend einer Einbindung in den Lehrkontext, sondern kann auch als eigenständiges Lehrmedium Verwendung finden. Allerdings ist dies nur zu empfehlen, wenn die Lehrziele damit nicht vernachlässigt werden. Eine Einbettung in den Kontext ist von Nöten, wenn etwaige Informationen und Aufgaben aus dem Video ausgegliedert werden und somit in einen großen Gesamtkontext gebracht werden.[38]

2er-Elemente bestehen aus Kommunikation und Kooperation. Diese Ebene ist nicht mehr innerhalb eines einfachen Videos zu bewerkstelligen und muss mit dem gesamten Lehrkontext abgestimmt werden. Die Übergänge zwischen kommunikativen und kooperativen Lernen sind fließend. Bei der Kommunikation steht hauptsächlich der persönliche Austausch im Vordergrund. Hierbei werden weder an gemeinsamen Aufgaben gearbeitet noch neue Inhalte geschaffen. Die Kooperation rückt das gemeinsame Bearbeiten und Erstellen von Produkten und Aufgaben in den Vordergrund. Beim 2er-Element stehen weiterhin die Lehrziele im Vordergrund, welche mit den genannten Bestandteilen erreicht werden sollen. Allerdings sind diese nicht zwingend in einem Lehrkontext anzuwenden.[39]

Beim 1er-Element ist es auch nicht möglich, es innerhalb eines Videos umzusetzen. Tests werden als weiterer Bestandteil angewandt, um den Lernprozess weiter zu verbessern. Dieses Element muss nicht immer implementiert sein, sondern sollte nur bei einem sinnhaften Nutzen angewandt werden.[40]

---

[37] Vgl. Kerres (2018), S.336
[38] Vgl. Kerres (2018), S.337
[39] Vgl. Kerres (2018), S.337-338
[40] Vgl. Kerres (2018), S.338

Egal ob die Lehrvideos in einen expositorischen Lehrkontext eingebettet werden oder als eigenständiges expositorisches Medium produziert werden, die Lehrinhalte müssen hierarchisch gegliedert sein. Von Vorteil ist, dass das Vorwissen gering ausfallen und die Motivation extrinsisch hergestellt werden kann (vgl. Tabelle 6).

	Exposition	Exploration
1. Lehrstoff	hierarchisch gegliedert	flach gegliedert
2. Lernsituation	formell	informell
3. Zielgruppe	homogen	inhomogen, dispers
4. Lerngewohnheit	unselbstständig	selbstständig
5. Motivation	extrinsisch	intrinsisch
6. Vorwissen	niedrig	hoch

Tabelle 6: Vergleich zwischen Exposition und Exploration
(Eigene Darstellung nach Kerres (2018), S.360)

4.2.1.2 Explorative Methoden

Videos lassen sich wie oben schon erläutert, nur nach expositorischen Methoden produzieren. Wenn Lehrvideos allerdings als einzelne in einen Gesamtkontext eingebunden werden sollen, dann gibt es mit der Exploration noch eine weitere Möglichkeit. Der größte Unterschied liegt darin, dass der Lernende hierbei den Lernweg komplett selbst definiert. Die Studenten stecken hierbei die Lernziele selbst, initiieren verschiedene Handlungen und sind nicht an die Linearität einer Thematik gebunden. Sie tasten sich spiralförmig in verschiedene Richtungen durch den Lernstoff, was auch in Sackgassen enden kann. Um in diesem Kontext Lehrvideos anwenden zu können, müssen diese in sich geschlossen produziert sein. Sie dürfen keine Fragen offenlassen und können sich nicht auf weiterführende Informationen beziehen. Eine gute Implementierung in das gesamte Lehrumfeld ist unabdingbar. Das Medium an sich muss einladend genug sein, so dass Studenten sich damit beschäftigen wollen. Es sollte klar erkennbar sein, was zu tun ist, und dazu motivieren, sich mit weiterführenden und vertiefenden Medien zu beschäftigen.[41]

---

[41] Vgl. Kerres (2018), S.347-352

Für diese Art der Methode ist ein hohes Maß an Selbstkontrolle und intrinsischer Lernmotivation bei Studierenden von elementarer Voraussetzung. Lehrinhalte müssen flach gegliedert werden, um Lernhindernisse zu vermeiden (vgl. Tabelle 6). Für einen Einsatz in diesem Kontext müssen auch Lehrvideos diesen Anforderungen gerecht werden.[42]

4.2.1.3 Problemorientierte Methoden

Abgesehen von den zwei klassischen Methoden der Exploration und der Exposition, sollte der Ansatz der Problemorientierung nicht unerwähnt bleiben. Während sich die ersten zwei genannten Methoden an dem Grad der bestandenen Prüfung messen, hat die Problemorientierung das Hauptaugenmerk auf nachhaltige Wissensvermittlung. Hiermit soll sichergestellt werden, dass Lernende das Gelernte auf jeweilige Probleme anwenden können. Dieser Ansatz ist vor allen für Lerninhalte sinnvoll, auf die immer wieder zurückgegriffen wird. Im Studiengang Technische Redaktion und Kommunikation an der Hochschule für angewandte Wissenschaften München ist dies gut zu vergleichen mit der Vorlesung Videoproduktion. Hier liegt das Hauptaugenmerk auf den Fähigkeiten Videos zu produzieren. In vielen weiteren Vorlesungen des Studienverlaufes wird auf diese Lehrinhalte zurückgegriffen (z. B. videobasierte Anleitungen). Problemorientierte Ansätze wollen den Lerntransfer mit der Einbringung von Problemstellungen und Anwendungsfällen aus der Praxis fördern. Dies kann alleine durch ein videobasiertes Lehrangebot nicht bewerkstelligt werden. Allerdings kann wieder auf Videos als Lernmedium zurückgegriffen werden.[43]

Abschließend lässt sich sagen, dass Lehrvideos an sich immer nach expositorischen Methoden produziert werden. Zwar kann der Lernende im Video vor- und zurückspulen, es anhalten und wiederholen, aber die Reihenfolge kann er nicht selbst definieren. Anders sieht es beim gesamten Lehrkontext aus. Sollten Videos lediglich eine Ergänzung darstellen, sind diese entsprechend in den Lehrkontext einzubinden. Hier können auch explorative oder problemorientierte Methoden Anwendung finden. Hieraus ergeben sich andere Anforderungen an den Aufbau der Lehrvideos. Im Umgang mit Lehrvideos können sehr viele didaktische Methoden Anwendung finden, welche jeweils eigene Herausforderungen mit sich bringen.

---

[42] Vgl. Kerres (2018), S.360-361
[43] Vgl. Kerres (2018), S.363-367

Zu beachten ist, dass es nicht die „beste" didaktische Methode gibt. Ein erfolgreiches Lernangebot zeichnet sich zumeist dadurch aus, dass unterschiedliche Methoden und Medien sinnvoll eingebracht werden.[44]

4.2.2 Medien

Nach Festlegung der Lerninhalte und Wahl der didaktischen Methode, kann die Auswahl der Medien getroffen werden. Im Rahmen dieser wissenschaftlichen Arbeit sind das Lehrvideos. Auf die didaktische Aufbereitung solcher Videos und welche Einsatzszenarien sinnvoll erscheinen, wurde im vorigen Kapitel schon eingegangen.

Grundsätzlich können in Videos alle Medien aufgenommen werden. Über Texte, Bilder, Animationen, Videos in Videos bis hin zu Screencasts ist alles denkbar.[45] Hierbei ist dem Ersteller viel Freiraum gegeben; er sollte sich aber in Hinsicht der Effizienz nicht in zu viel Medienvielfalt verlieren. Sinnvoll ist es auf schon produzierte Medien zurückzugreifen (z. B. Bilder, Texte und Animationen aus Vorlesungsfolien, schon produzierte Videos, Medien anderer Personen), und dabei darauf zu achten, dass die Qualität der vorhandenen Medien den gewünschten Standards entspricht. Bei kleinerer Abweichung können diese angepasst werden. Diese neu zu produzieren lohnt sich erst bei größeren Differenzen. Allerdings handelt es sich nicht nur darum, welche Medien eingesetzt werden sollen, sondern auch wie das Hauptmedium Video produziert wird. Im Sinne der Effizienz sind hierfür einheitliche Standards von großem Vorteil. Dies betrifft alles rund um die Videoproduktion. Zur Minimierung des Zeitaufwandes beim Dreh empfiehlt sich ein immer gleicher technischer Aufbau. Dies sollte nicht zusätzlich mit Aufbaumaßnahmen oder Ausleihprozessen erschwert werden. Die Technik sollte immer für den Einsatz bereitstehen. Die Drehzeit sollte im Verhältnis zum Endprodukt stehen und nicht übermäßig Zeit in Anspruch nehmen. In der Post-Production sollte die zweckdienliche Gestaltung im Vordergrund stehen und nicht die individuelle Gestaltungshöhe. Hier kann mit einheitlichen Auf- und Abblenden, Bauchbinden, Einblendungen, Schnitten und Übergängen gearbeitet werden. Ziel ist es, diesen Aufwand so gering wie möglich zu halten, da hier im Vergleich zur normalen Videoproduktion das meiste Potenzial in der Zeiteinsparung liegt.

---

[44] Vgl. Kerres (2018), S.411-412
[45] Vgl. Kerres (2018), S.230-231

4.2.3 Lernorganisation

Die Lernorganisation umfasst die zeitlichen, räumlichen und sozialen Aspekte des mediengestützten Lernens. Durch die Möglichkeit Medien online anzubieten, eröffnen sich komplett neue Wege, wie Lernen organisiert werden kann. Gerade die Zeit- und Ortsunabhängigkeit spielt hier eine große Rolle.[46]

Die zeitlichen Rahmenbedingungen sind durch die Onlineangebote nicht mehr so stark gegeben wie in normalen Vorlesungen (= 90 min). Allerdings sinkt mit höherer Laufzeit des Videos die Aufmerksamkeit relativ kontinuierlich ab (vgl. Abbildung 7).

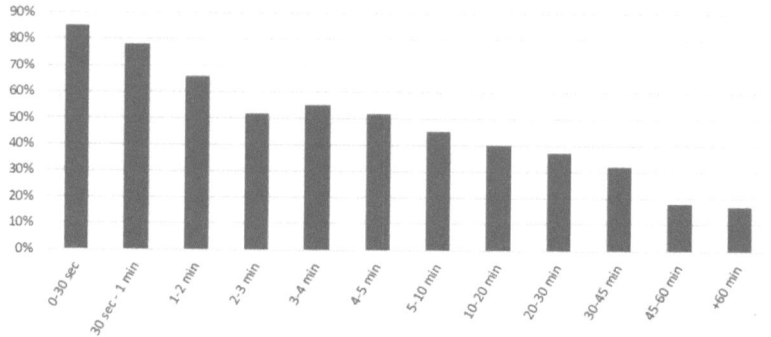

Abbildung 7: Videolänge im Verhältnis zur Aufmerksamkeit
(Eigene Darstellung nach Savage (2009): https://wistia.com/learn/marketing/does-length-matter-it-does-for-video; Stand: 20.07.2018)

Die höchste Aufmerksamkeit ist in den ersten 30 Sekunden vorhanden. In dieser Phase muss direkt klar gemacht werden, um was es geht. Zwischen 2 und 10 Minuten ist die Aufmerksamkeitsspanne relativ konstant, auch wenn sie schon ab 5 Minuten wieder stärker abnimmt. Dies ist die perfekte Zeitspanne für Lehrvideos.[47]

Um eine höhere Aufmerksamkeit zu erzielen, sollen lieber mehrere einzelne Videos angeboten werden mit ca. 6 Minuten Laufzeit. Dies hat einen viel höheren Effekt als ein 30 minütiges Video. So lassen sich größere Themenblöcke und Vorlesungen

---

[46] Vgl. Kerres (2018), S.417
[47] Vgl. Savage (2009)

einzeln besser organisieren, ohne dass die Aufmerksamkeit bei bestimmten Punkten wegbricht.[48]

Räumliche Aspekte fallen für Videoangebote grundsätzlich weg. Durch die Möglichkeit, mit dem Handy, Tablet, Laptop oder Computer mit Kopfhörern komplett ungestört Medien zu konsumieren, lassen sich die ortsbezogenen Aspekte zusammenfassen. Wenn Medien innerhalb eines Vortrages verwendet werden sollen, ist die Bereitstellung von benötigten Geräten von Wichtigkeit. Zusätzlich ergibt sich hieraus die Möglichkeit von Lernarrangements. Einzelne Videoangebote können bestimmte Inhalte von Vorlesungen übernehmen und ergänzend oder weiterführend im Internet zum Abruf bereitstehen. Hierbei muss ein sinnvolles Gleichgewicht gefunden werden. Der Lehrende muss im Lehrkontext dann zwingend auf die Videos eingehen und diese mit einbinden.[49]

Die sozialen Aspekte bei reinen Videoangeboten halten sich in Grenzen. Da es sich hierbei um ein lineares und statisches Medium handelt, bedarf es an sich keiner direkten Interaktion. Diese muss durch weiterführende Angebote und Aufgaben gefördert werden, um ein effektiveres Lehrangebot bereitzustellen. Solche sozialen Interaktionen können online oder offline mit verschiedenen Varianten bewerkstelligt werden. Mögliche Varianten sind u. a. Online-Teaching, tutoriell betreutes Lernen (online und offline) und unbetreute Lerngemeinschaften.[50]

---

[48] Vgl. Guo; Kim; Rubin (2014)
[49] Vgl. Kerres (2018), S.418-419
[50] Vgl. Kerres (2018), S.440-445

5 Effiziente Lehrvideoerstellung mit dem Lightboard

Nachdem im Kapitel 4 auf die didaktischen Herausforderungen bei standardisierten Lehrvideos eingegangen wurde, handelt dieses Kapitel vorrangig von der effizienten Erstellung von Lehr- und Lernvideos mit dem Lightboard. Hierbei wird nicht auf die einzelne Sinnhaftigkeit eines Anwendungsfalles oder der Implementierung eingegangen. Aus den Aspekten der vorherigen Kapitel lässt sich ein schrittweises Vorgehen zusammenstellen. Eine optimierte Version für die Erstellung solcher Angebote bietet der Leitfaden von Michael Kerres (vgl. Anhang A), der in diesem Kapitel als Handlungsempfehlung Anwendung findet. Hierbei wird auf die wichtigen Aspekte für die Produktion mit dem Lightboard eingegangen und bei welchem Schritt effizient gearbeitet werden kann. Der Leitfaden besteht aus den sieben wesentlichen Arbeitsschritten:

- Rahmen
- Akteure
- Lehrinhalte und -ziele
- Didaktische Methode
- Lernorganisation
- Medien
- Vorgehen

Prinzipiell ist es möglich, das Pferd von hinten aufzuzäumen, indem man sich erst ein Medium aussucht und sich daran mit dem didaktischen Konzept orientiert. Dies ist allerdings nur sinnvoll bei der Erstellung von konkreten Konzepten, die nur für ein explizites und gleichbleibendes Medium angewendet werden sollen. Wenn nur ein bestimmtes Thema als Lehrvideo vermittelt werden soll, ist mit dem didaktischen Konzept anzufangen. Damit kann ein höherer Mehrwert und der damit zusammenhängende Lernerfolg generiert werden. Da aber in diesem Kontext ein Video mit Lightboard als Medium betrachtet wird, wird im Zuge dessen das Konzept und der Leitfaden daran angepasst. Grundsätzlich zu beachten ist, dass die folgenden Kapitel eine exemplarische Darstellung sind, wie eine Lehrvideoproduktion mit dem Lightboard im Allgemeinen aussehen kann. Hierfür wird sich an den Erfahrungen des Autors in Zusammenarbeit mit der Hochschule München orientiert.

5.1 Rahmenanalyse

Bei dem Einsatz von am Lightboard produzierten Lehrvideos in diesem Kontext handelt es sich um halb-standardisierte Videos. Hierfür bedarf es einiger Vorplanung der Videos und einen sinnvollen Einsatz im Lehrkontext. Dieser ist abhänig von einem richtigen Konzept. Im Leitfaden von Kerres beeinhalten die Rahmendaten die wichtigsten Informationen zum Projekt. In Tabelle 7 werden besagte Punkte als Auszug des Leitfadens dargestellt.

1. Rahmenanalyse	<ul><li>Projekttitel (einschließlich Kurztitel)</li><li>Projektidee (Kurzfassung des Bildungsanliegens)</li><li>Ressourcen (verfügbare Mittel)</li><li>Expertise (im Projektteam, Auftraggeber, etc.)</li></ul>

Tabelle 7: Rahmenanalyse des Leitfadens
(Eigene Darstellung nach Kerres (2018), S.513; vgl. Anhang A)

Der Projekttitel sollte vom Initiator so präzise wie möglich formuliert werden. Ein zusätzlicher Kurztitel kann die Kommunikation über das Projekt erleichtern. Unter der Projektidee sollten alle wichtigen Eckdaten des Bildungsanliegens benannt werden. Hier kann schon die erste Entscheidung fallen, ob der Einsatz des Lightboards sich positiv auf das Anliegen auswirken könnte. Grundsätzlich positiv sind alle Bildungsanliegen, die mit dem Medium interagieren. Wenn nur ein Buch vorgelesen werden soll, dann stellt das Lightboard die falsche Wahl dar. Diese Bewertung sollte eine fachkundige Person durchführen und im Zweifel auf alternative Medien verweisen. Diese Person kann ein Außenstehender sein der ausschließlich den Produktionsprozess organisiert und überwacht. Je mehr verwertbare Ressourcen im Vorhinein schon vorhanden sind, desto weniger Zeitaufwand wird für Erstellung neuer Materialien benötigt. Von der Hochschulseite aus müssen die Räumlichkeiten und die Technik bereitgestellt werden (z.B. das Lightboard). Für die Lehrenden ist es von Vorteil, schon vorhandene Inhalte verwenden zu können. Aus Gründen der Effizienz ist es nicht von großen Nutzen, neue Medien zu produzieren die nicht direkt zum Lernerfolg beitragen. Hier gilt, je mehr schon vorhanden ist, desto besser. Die Expertise sollte so hoch wie möglich ausfallen. Da beim Lightboard meistens nur eine Person direkt mit dem Inhalt interagiert und andere Beteiligte diesen Prozess nur unterstützen, ist es von Vorteil, dass diese Person so viel Expertise wie möglich mitbringt. Wenn der Initiator selbst entscheiden kann, welches Medium und didaktische Methode am besten geeignet ist, kann bei guten Bedingungen diese Lehrperson das Video in Eigenregie erstellen. In Hinblick auf den Hochschulalltag ist dies allerdings nicht zu erwarten. Der Initiator sollte sich mit seinem Thema und seiner Zielgruppe und deren Anforderungen gut auskennen. Zusätzlich sollten die Expertisen über Technik (das Lightboard), didaktische Aufbereitung von Lehrvideos und Ablauf der gesamten Produktion gegeben sein. Dieses Wissen kann eine Person alleine mitbringen, aber auch auf mehrere Mitarbeiter aufgeteilt sein.[51]

5.2 Akteure

Bei den Akteuren sind alle beteiligten Personen und Institutionen zu nennen, die in dem Vorhaben involviert sind. Jedem der Beteiligten sollte, wenn möglich, die Aufgaben und Funktionen zugeordnet werden. Zusätzlich muss die Zielgruppe der Lernenden bestimmt werden. Diese kann man schätzen oder auf Basis vorliegender Daten beschreiben. Der Auszug aus dem Leitfaden kann in Tabelle 8 betrachtet werden.

Wie schon im Kapitel 5.1 Rahmenanalyse unter den Expertisen beschrieben, muss mehr Know-How eingebracht werden, als im Vergleich zur klassischen Produktion von Lehreinheiten. Dies kann in Form von Personen geschehen, die im Erstellungsprozess eingebunden werden.

2. Akteure	• *Alle beteiligten Personen und Institutionen inklusive zugehöriger Funktionen*
	Zielgruppe
	• *Gesamtzahl der Lernenden (insgesamt und pro Durchgang)*
	• *Geografische Verteilung (vor Ort, regional, etc.)*
	• *Altersspanne und Mittelwert*
	• *Heterogenität – Diverstität der Zielgruppe*
	• *Lernmotivation (intrinsisch/extrinsisch)*
	• *Höchster schulischer Abschluss und Beruf*
	• *Vorwissen (hoch/niedrig)*
	• *Einstellungen und Erfahrungen (zum Lerngegenstand, zu Computern)*
	• *Lernorte, Internetzugang und technische Ausstattung*
	• *Zeitliche Ressourcen*
	• *Weitere Merkmale der Zielgruppe*

Tabelle 8: Akteure des Leitfadens
(Eigene Darstellung nach Kerres (2018), S.513-514; vgl. Anhang A)

---

[51] Vgl. Kerres (2018), S.513

5.2.1 Der Initiator

Der erste Akteur ist der Initiator. Meistens ist das der Lehrbeauftragte selbst. Die Lehrperson nimmt eine zentrale Rolle ein. Grundsätzlich muss sie den gesamten didaktischen Leitfaden bearbeiten und daraus das Video erstellen. Allerdings ist sie primär für die Erstellung und Beschaffung des Lehrinhaltes zuständig. Je nachdem wie groß und in welchem Umfang die Produktion aufgezogen wird, können hier mehrere Personen involviert sein. Zusätzlich muss beachtet werden, dass nicht nur die Lehrperson hinter dem Lightboard stehen kann. Hierfür muss der Darsteller entsprechend vorbereitet werden.

5.2.2 Der Vortragende

Viel Qualität steht und fällt mit dem Vortragenden am Lightboard. Personen, die nicht zum Vortragen geeignet sind, sind in diesem Kontext nur hinderlich. Allerdings lassen sich viele Menschen gut auf diese Herausforderung vorbereiten. Eine gute Basis bilden die Lehrpersonen selbst. Meistens sind das Professoren oder wissenschaftliche Mitarbeiter, die im Regelfall Vorlesungen halten. Somit bringen diese Personen schon ein gewisses Maß an „Bühnenpräsenz" mit und kennen sich schon in einem gewissen Maß damit aus. Der maximale Mehrwert des Lightboards generiert sich aus der Interaktion zwischen den einzelnen Medien. Erst wenn der Vortragende alle Medien miteinbezieht, wird der maximale Nutzen erreicht. Bei aktiven Zuhörern verbessert sich grundsätzlich die Bühnenpräsenz. Für ein Video bedeutet das, dass der Blick des Vortragenden Richtung Kamera gerichtet sein sollte und nicht allzu oft abschweift. Um hier eine höhere Konzentration zu bewerkstelligen, kann während der Aufnahme eine Person hinter der Kamera platziert werden. Für den allgemeinen Redefluss gelten die normalen Regeln der Verständlichkeit. Ein oft verwendeter Satz wäre in diesem Zusammenhang „langsam, laut und deutlich". Der Vortragende sollte in seinem natürlichen Redefluss bleiben und Schmatzen, Füllwörter o. ä. vermeiden. Bei Anschriften sollte drauf geachtet werden nicht direkt in der Schrift zu stehen. Bei den linken zwei Dritteln des Bildausschnittes sollte sich der Vortragende immer rechts von der Schrift positionieren, auch während dem Anschreiben. Beim letzten Drittel sollte er links von der Schrift stehen. Somit können Probleme mit der Lesbarkeit von Schriften verhindert werden, wenn die vortragende Person dahintersteht. Angeschriebene Texte können tendenziell kleiner geschrieben werden, da diese Inhalte vorrangig für größere Monitore konzipiert sind. Handygrößen können leider nicht ohne große Einbußen bei der Nachbearbeitungszeit, Dauer der Aufnahme, Lesbarkeit in Kauf zu nehmen, bewerkstelligt werden. Zusätzlich muss bei den Anschriften darauf geachtet werden, dass sie nicht über den Bildausschnitt der Kamera hinausgehen. Auch sollten etwaige eingeblendete Bilder, Logos oder Texte im besten Fall nicht überschrieben werden. Nur für sinnvolle Ergänzungen sollten einzelne Einblendungen überdeckt werden. Dies darf aber erst nach ausreichender Betrachtungszeit geschehen, um den Zuschauer genug Zeit zur Verarbeitung des Inhaltes zu gewährleisten.[52]

Zur Veranschaulichung und als kleine Zusammenfassung hat der Autor ein Do´s and Dont´s Video erstellt, welche Aspekte der Vortragende während der Aufnahme beachten sollte.

5.2.3 Der Koordinator

Eine sehr wichtige Rolle nimmt der Koordinator ein. Dies ist meistens die erste Person, die vom Initiator aufgesucht wird. Dieser Mitarbeiter sollte sich mit dem kompletten Produktionsprozess eines Lightboardvideos auskennen und über Hintergrundwissen verfügen. Zusätzlich wäre es von Vorteil, Wissen über alternative Produktionsmethoden und Medien zu besitzen. Ein weiterer wichtiger Aspekt sollte das Wissen über die didaktische Aufbereitung des Lehrinhaltes sein. Hiermit kann bei Notfällen dem Lehrenden unter die Arme gegriffen werden. Hauptaufgabe des Koordinators ist es, den gesamten Prozess zu organisieren, dem Lehrenden bei der Erstellung zu unterstützen, benötigte Rahmenbedingungen mit der Hochschule zu schaffen und Personal für die Aufnahme zu koordinieren. Je nachdem wie groß die Produktion aufgefahren wird, kann die didaktische Expertise auf einen zusätzlich Beteiligten übertragen werden. In diesem Zusammenhang, reicht im Hinblick auf die Effizienz eine Person. Folglich ergeben sich mit dem Lehrenden zusammen die zwei Schlüsselrollen, die für den Produktionsprozess unabdingbar sind.

5.2.4 Zusätzliche Mitarbeiter

Während der Produktion und für die Nachbearbeitung braucht es meistens einen zusätzlichen Mitarbeiter, der sich um die Technik und den Schnitt kümmert. Das ist nur von Nöten, wenn genannte Aufgaben nicht durch die schon beteiligten Personen abgedeckt werden. Diese Position können studentische Hilfskräfte oder etwaige wissenschaftliche Mitarbeiter bekleiden.

---

[52] Vgl. Young (2016), S.1-4

Die Zielgruppe muss bei den Akteuren auch benannt werden. Durch die digitale Distribution der Lehrvideos gibt es erstmal keine Beschränkung was die Lerngruppe betrifft. Wichtig zu klären sind vor allen die Punkte Vorwissen, Lernmotivation und zeitliche Ressourcen. Da das Lernangebot an der primären Zielgruppe ausgerichtet wird, ist eine genaue Bestimmung der Lernenden immer von Vorteil.[53]

Zusammenfassend lässt sich sagen, dass es immer auf den Anwendungsfall ankommt, wie viele Personen letztendlich in den Erstellungsprozess eingebunden werden. Folgende Aufgaben sind zwingend zu bearbeiten und mit einer oder mehreren Personen zu bekleiden. Zusätzlich können mehrere Positionen von derselben Person besetzt werden:

- Erstellung des Inhaltes
- Vortrag am Lightboard
- Bestimmung der Zielgruppe
- Koordination des Prozesses und Equipments
- Didaktisches Know-How
- Live-Produktion
- Schnitt des Videomaterials

5.3 Lehrinhalte und -ziele

Die Lehrziele sind so gut wie möglich schon von Anfang an klar zu definieren. Im Laufe der Bearbeitung können noch einzelne Lehrziele dazukommen oder sich verändern, das Bildungsanliegen allerdings nicht. Dieses Bildungsproblem mit dem jeweiligen Projektziel ist unveränderbar. Ohne eine genaue Zielvorstellung kann nicht darauf hingearbeitet werden. Die wichtigsten Aspekte des Leitfadens werden in Tabelle 9 betrachtet.

3. Lerninhalte und -ziele	*• Bildungsproblem und Projektziele* *• Lehrinhalte* *• Lernziele (Wissen, Fertigkeiten, Einstellungen)*

Tabelle 9: Lerninhalte und -ziele des Leitfadens
(Eigene Darstellung nach Kerres (2018), S.514; vgl. Anhang A)

---

[53] Vgl. Kerres (2018), S.513-514

Grundsätzlich können mit dem Lightboard, wie in jedem anderen Video auch, alle Lehrinhalte umgesetzt werden, wenn sie richtig aufbereitet werden. Der Produktion sind hier keine Grenzen gesetzt. Allerdings muss das Konzept dementsprechend darauf ausgerichtet und bedacht werden, dass es eventuell besser geeignete Medien für den entsprechenden Content gibt. Der genaue Inhalt kann sich im Laufe des Produktionsprozesses konkretisieren. Ein grober Aufbau sollte aber zu Beginn schon gegeben sein. Wie schon im vorherigen Kapitel dargelegt, sollte die Länge des Videos um die sechs Minuten ausfallen. Mit der Länge des Videos steigt gleichzeitig der Gesamtaufwand exponentiell an, was einen weiteren Grund für kürzere Videos darstellt. Aufgrund des steigenden Aufwands im Zusammenhang mit der Länge des Videos, sollte die Dauer von maximal ca. zehn Minuten nicht überschritten werden.

Für eine Überprüfung, ob das Projektziel erreicht wurde, werden Lernziele definiert. Für die Benennung und Formulierung auf den Inhalt abgestimmter Lernziele kann sich an den schon dargelegten Varianten orientiert werden (vgl. Kapitel 4.1.3). Auch hier gilt, je höher das angestrebte Lernziel ist, desto höher ist der damit verbundene Aufwand. Für einzelne Videos bedeutet das, dass nicht die höchsten Lehrziele angestrebt werden können bzw. sollten.[54]

Der Gegenstand des Lernens kann wie schon im Kapitel 4.1.3 erwähnt Sachkompetenz, Sozialkompetenz oder Selbstkompetenz einnehmen.

Wissen	Fertigkeiten	Einstellungen
1. Erinnern	1. Kognitive Phase	1. Aufmerksam werden
2. Verstehen		2. Reagieren
3. Anwenden		
(4. Analysieren)		

Tabelle 10: Geeignete Lernzielniveaus für Lightboardvideos
(Eigene Darstellung nach Kerres (2018), S.320)

Allerdings können unter Wissen, Fertigkeiten und Einstellungen nicht alle Niveaustufen erreicht werden. Unter Wissen können nur die ersten drei Punkte ohne Bedenken gelehrt werden.

---

[54] Vgl. Kerres (2018), S.514

Das Level Analysieren stellt schon einige Schwierigkeiten dar (vgl. Tabelle 10). Bei den Fertigkeiten kommt nur die kognitive Phase in Frage. Aufmerksam werden und Reagieren können bei den Einstellungen in Betracht gezogen werden.[55]

5.4 Didaktische Methode

Mit den didaktischen Methoden soll sichergestellt werden, dass die Lehrziele bei der Zielgruppe erreicht werden. Bei vielen unterschiedlichen Lehrzielen ist der Einsatz von verschiedenen Methoden von Vorteil. Die wichtigsten Punkte, die bearbeitet werden müssen, sind die Art des Lernangebots, die Art der Methode und die Art der Lernaufgaben (vgl. Tabelle 11). Grundsätzlich eignet sich das Lightboard am besten für Kurzvorträge. Die Dauer des Videos steht hierbei in direkter Relation zur Nachbearbeitungszeit, welche so gering wie möglich gehalten werden sollte. In dieser Laufzeit kann zumeist nur eine Methode angewandt werden.

4. Didaktische Methode	<ul><li>Art des Lernangebots</li><li>Art der Methode (Exposition, Exploration, problemorientiert)</li><li>Art der Lernaufgaben</li></ul>

Tabelle 11: Didaktische Methode des Leitfadens
(Eigene Darstellung nach Kerres (2018), S.514; vgl. Anhang A)

Die Art des Lernangebotes ist im Fallbeispiel des Lightboards ein klassischer Vortrag, vergleichbar mit einem Flip-Chart-Vortrag oder einer Tafelanschrift inklusive PowerPoint-Folien. Dieser kann allerdings vielseitig eingesetzt und abgewandelt werden. Von Präsenztrainings über Vorlesungen bis hin zu Online-Kursen ist der Einsatz möglich. Bei der Methode muss zwischen dem allgemeinen Lehrkontext und dem Video als Einzelnes unterschieden werden. Das Video an sich ist ein rein expositorisches Angebot, welches sich nach dem gängigen 3-2-1-Modell erstellen lässt. Der Lehrkontext hingegen kann alle Facetten von Exposition, Exploration und Problemorientierung annehmen. Hierbei ist allerdings eine sinnvolle und zweckdienliche Implementierung des Videos erforderlich. Auch bei den Lernaufgaben sind grundsätzlich keine Grenzen gesetzt.

Außerhalb des Videos können alle erdenklichen Aufgaben gestellt und bearbeitet werden. Innerhalb eines Lightboardvideos können nur Aufgaben die keiner

---

[55] Vgl. Kerres (2018), S.312-319

direkten Rückmeldung und Interaktion bedürfen (z. B. Auswahlfragen oder Projekte) umgesetzt werden. Empfehlenswert sind hierfür u. a. Übungen und Fallbeispiele.[56]

5.5 Lernorganisation

Die Lernorganisation der Videos ist jedem Lehrenden selbst überlassen und konzeptabhängig. Grundsätzlich betrifft die Organisation alle Fragen bezüglich zeitlichen, räumlichen und sozialen Anforderungen. Im Großen und Ganzen beschreibt sie, wie die Durchführung des Lehrangebotes organisiert wird. Hierbei gelten keine besonderen Einschränkungen, die nicht auch auf andere digitale Inhalte zutreffen. Die Lernorganisation setzt sich aus den Punkten zeitliche, räumliche und soziale Organisation zusammen (vgl. Tabelle 12).

5. Lernorganisation	Zeitliche Organisation • Zeitraum • Gesamte Lernzeit des Angebotes • Start (feste Termine, flexibler Einstieg) Räumliche Organisation • Präsenz- und Onlinephasen • Durchführung von rechtssicheren Prüfungen Soziale Organisation • Individuelles Lernen, Lerngruppen, etc. • Betreuung (Beratung, Support, etc.)

Tabelle 12: Lernorganisation des Leitfadens
(Eigene Darstellung nach Kerres (2018), S.514-515; vgl. Anhang A)

Der zeitliche Rahmen orientiert sich stark an der Länge der Videos und an deren Einbindung in den Lehrkontext. Für das Video an sich ist die Spieldauer das taktgebende Kriterium. Durch die Möglichkeit das Video anzuhalten oder zurück zu spulen bedarf es meistens keiner Wiederholungen. Bei der räumlichen Organisation kommt es auf den Anwendungskontext an. Sobald ein Lehrvideo online abrufbar ist, erhöht das die Unabhängigkeit von räumlichen Gegebenheiten. Nur bei der Einspielung von Videos während Präsenzveranstaltungen o. ä. ist dieser Punkt weiter zu konkretisieren. Hierbei ist zu beachten, dass das Video in angemessener Qualität vorgeführt wird und jeder Studierende etwas sehen kann. Wenn im Konzept vorgesehen, muss das individuelle und kooperative Lernen außerhalb der Videos

---

[56] Vgl. Kerres (2018), S.514

gefördert werden. Alles in Allem wird mit Videoangeboten zumeist in Einzelarbeit interagiert. Allerdings ist die Betreuung auch bei Online-Angeboten unabdingbar. Hierzu zählen u. a. technischer Support, Lernberatung, fachliche und organisatorische Betreuung. Auch in Tutorien kann mit Lehrvideos interagiert werden. Nur Videos online zu stellen reicht für den Lernprozess nicht aus. Es muss sichergestellt werden, dass diese auch konsumiert werden.[57]

5.6 Medien

In diesem Konzept ist das Medium der Wahl das Lightboard. Der Leitfaden fasst entsprechende Aspekte im Unterpunkt Medien zusammen (vgl. Tabelle 13).

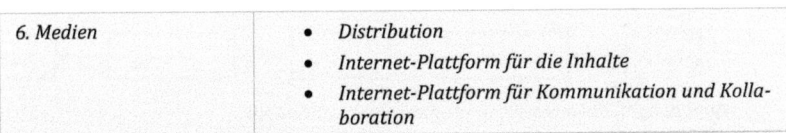

| 6. Medien | • *Distribution*
 • *Internet-Plattform für die Inhalte*
 • *Internet-Plattform für Kommunikation und Kollaboration* |

Tabelle 13: Medien des Leitfadens
(Eigene Darstellung nach Kerres (2018), S.515; vgl. Anhang A)

Unter Distribution fällt alles was den Einsatz des Mediums und der Technik beschreibt. Innerhalb einer Hochschule sollte immer mit einem gleichbleibenden Aufbau des Lightboards gearbeitet werden. Dies ist zu empfehlen, da es unnötigen Zeitaufwand für den Aufbau und Ausrichtung der Technik minimiert. Zusätzliche Medien müssen demensprechend dem Lightboard angepasst werden. Um hierbei Zeit einzusparen sind Masterfolien (16:9 Auflösung) oder Vorlagen zu empfehlen. Alle Medien, die verwendet werden sollen, müssen mit einem schwarzen Hintergrund ausgestattet werden. Dies ist für die Einblendung von Inhalten am Lightboard unabdingbar. Unter keinen Umständen sollten Folienübergänge angewendet werden, da dies die Lesbarkeit und Qualität des Videos senkt. Zusätzlich sind gut lesbare Schriftfarben zu verwenden die genug Kontrast zum schwarzen Hintergrund bieten (z. B. Rot, Gelb oder Weiß). Auch die Schriftgröße soll entsprechend gewählt werden, um keine Probleme mit der Lesbarkeit zu bekommen.

Für die allgemeine Erstellung kann sich an einem etwaigen vorhandenen Corporate Design orientiert werden. Zusätzlich sollten die Beteiligten eine Leitvariante der Erstellung anwenden. Unterschieden wird am Lightboard zwischen dem Leitmedium der Anschrift mit ergänzenden Einblendungen und dem Folienvortrag mit

---

[57] Vgl. Kerres (2018), S.514-515

schriftlichen Ergänzungen. Als grobe Richtlinie gilt, für naturwissenschaftliche Inhalte das Leitmedium der Anschrift zu wählen, wo hingegen bei Geisteswissenschaften Schaubilder und Folien den Hauptanteil ausmachen.[58]

Ein Lehrvideo besteht meistens aus denselben Bestandteilen (vgl. Abbildung 8). Intro und Outro können hierbei weggelassen werden. Die Lernziele sind zwingend zu Beginn zu nennen. Das Thema stellt den Inhalt dar, während unter Erklärung Beispiele und Aufgaben fallen.[59] Zusätzlich sollte während dem Prozess ein Drehbuch erstellt werden. Dies dient der Veranschaulichung und Strukturierung des Themas und der Inhalte. Im Fallbeispiel des Lightboards genügen die Folien als Art Drehbuch und ein gut organisiertes Vorgehen (vgl. Kapitel 5.7).[60]

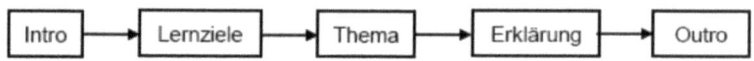

Abbildung 8: Exemplarischer Aufbau eines Lehrvideos
(Eigene Darstellung nach Becher (2018), S.18-24)

5.6.1 Aufbau und Funktionsweise des Lightboards

Das Lightboard ist eine neue Open-Source-Hardware zur Produktion von Lehrvideos. Am besten lässt es sich mit einem Tafelanschrieb oder einem Flip-Chart-Vortrag vergleichen. Beim Lightboard handelt es sich um eine Glasscheibe, auf die der dahinterstehende Protagonist schreiben kann. Zeitgleich können Bilder, Grafiken, Animationen, Videos und PowerPoint-Folien eingefügt werden. Mit größeren technischen Aufbauten sind hier noch weitere Einblendungen möglich (z.B. Livebedienung eines Programmes, Touchinteraktion).

Der Aufbau des verwendeten Lightboards der Hochschule München besteht aus einer Glasscheibe, einem schwarzen Hintergrund, einer Kamera mit Spiegel, mehreren Scheinwerfern zum Ausleuchten, einem Bildmischer mit zugehörigem Equipment, einem großen Monitor als Teleprompter und einem Computer zum Einspeisen der Bildquelle.[61] Abbildung 9 zeigt einen exemplarisch möglichen Aufbau.[62]

---

[58] Vgl. Kerres (2018), S.515
[59] Vgl. Becher (2012), S.18-24
[60] Vgl. Weth (2014), S.14
[61] Vgl. Lightboard Home (o. J.), 2. Electronics
[62] Vgl. Lightboard Home (o. J.), 4. Construction

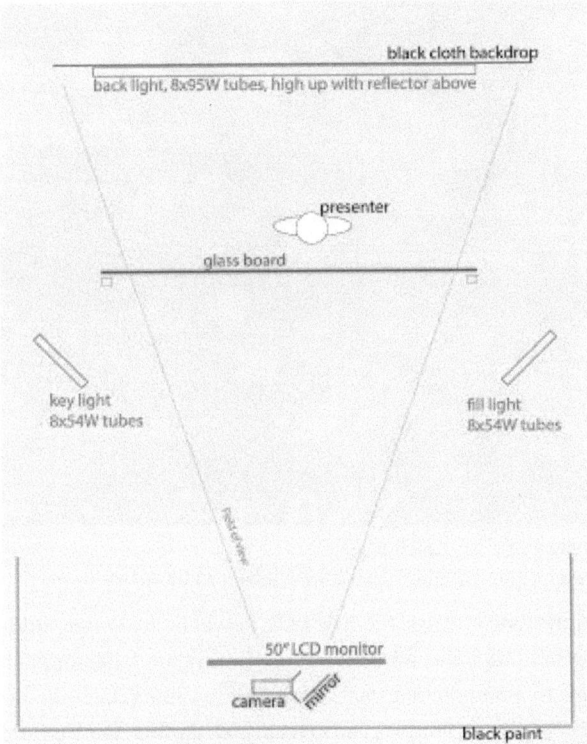

Abbildung 9: Aufbau des Lightboards
(https://lightboard.info/; Stand: 13.07.2018)

Essenziell für den Aufbau ist eine spezielle Glassorte, genannt Starphire Glas. Dieses Glas spiegelt fast kein Licht oder sonstige Reflexionen (z.B. Scheinwerfer) innerhalb eines speziellen Winkels. Diese würden sich negativ auf die Bildqualität und die Lesbarkeit auswirken. Zusätzlich wird das Glas mit LEDs ausgeleuchtet und behält das Licht. Auf der Glasscheibe kann mit speziellen fluoreszierenden Stiften geschrieben werden. Durch die Stifte kann das in der Glasscheibe gefangene Licht austreten und die Schrift fängt an zu leuchten. Somit sind diese besser lesbar. Um Geschriebenes lesen zu können, wird alles über einen Spiegel gefilmt, sodass in der Bildquelle alles normal lesbar ist. Das Licht kann über jede Form der Berührung mit der Glasscheibe austreten, wie zum Beispiel einer Hand (vgl. Abbildung 10).[63]

---

[63] Vgl. Lightboard Home (o. J.), 2. Construction

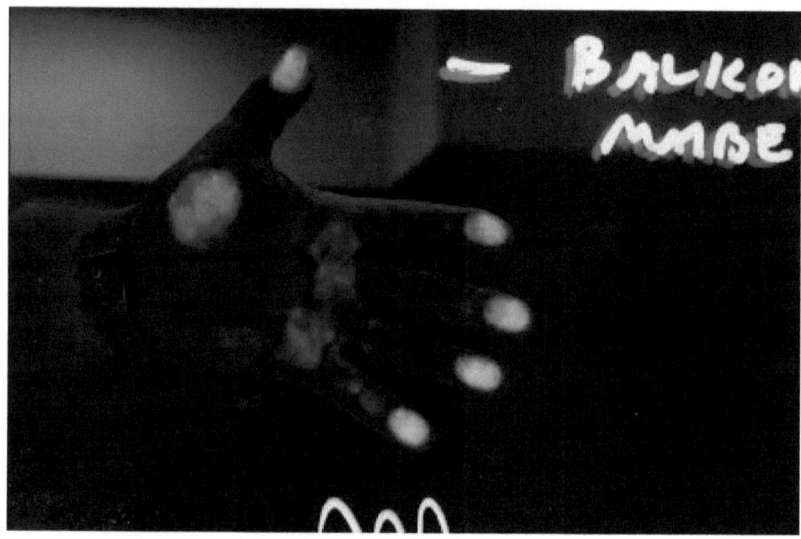

Abbildung 10: Kontakt mit der Glasscheibe
(https://lightboard.info/home/construction.html; Stand: 13.07.2018)

Um zeitgleich im Bildmischer etwaige Medien (z.B. PowerPoint-Folien, Bilder und Videos) einzublenden, benötigt es einen schwarzen Hintergrund. Dieser ist Voraussetzung um Luma-Key zu ermöglichen und somit Medien über das Bild zu legen. Aus verschiedenen Helligkeitsstufen (schwarz/weiß) wird dann das Signal zusammengefügt. Um gute Einblendungen und eine gute Bildqualität zu erhalten, ist eine gute Ausleuchtung von großer Wichtigkeit.[64]

Für den Vortragenden ist unter der Kamera ein Monitor, der als Teleprompter fungiert, sehr von Vorteil. So kann der Vortragende das aufzuzeichnende Signal direkt betrachten und sehen, wo die Medien sich befinden. Zusätzlich kann er registrieren, ob er eventuell wichtige Aspekte verdeckt.[65]

5.6.2 Mehrwert des Lightboards

Wie schon im vorherigen Kapitel aufgezeigt, vereint das Lightboard viele verschiedene Vortragsmethoden in sich. Es kombiniert die Vorteile eines Tafelanschrieb, PowerPoint Folien, Flip-Chart Vorträgen und normalen Lehrvideos. Zusätzlich vereint es alle Möglichkeiten, die diese Vortragsarten mit sich bringen.

---

[64] Vgl. Lightboard Home (o. J.), 3. Lighting & Layout
[65] Vgl. Lightboard Home (o. J.), 5. Switcher

Schon während der Aufzeichnung lassen sich alle verschiedenen Medien in das Video einblenden. Dadurch kann eine höhere Interaktion mit diesen Einblendungen gewährleistet werden, als im Vergleich zu erst im Nachhinein eingeblendeten Grafiken, Bilder oder ähnlichen. So lassen sich vor allem zeitliche Abläufe, sich aufbauende Inhalte oder Prozesse gut darstellen. Zeitgleich können Lernende durch die im Video auftauchende Lehrperson eine bessere Verknüpfung zu dem Lehrstoff aufbauen. Durch eine Bezugsperson im Video können nicht nur deren Audiosignale transportiert werden, sondern auch die Gestik und Mimik. Die Bedienung von möglichst vielen Lehrkanälen ist von Vorteil, um mehrere Typen des Lernens abdecken zu können. Wichtig zu beachten ist hierbei, dass durch die Interaktion mit den einzelnen Medien die Person selbst Teil dieses Gesamtkonstruktes wird. Er nimmt aktiv am Video teil. Dies kann auch zu einer Ablenkung führen, wenn die Person für den Inhalt und den Lehrprozess nicht relevant ist. Das heißt, das Lightboard sollte nur verwendet werden, wenn mit dem Medium sinnvoll interagiert wird.

Durch einen gleichbleibenden technischen Aufbau und die direkte Einbindung von Inhalten, reduziert das Lightboard den Zeitaufwand für die Produktion beachtlich.

5.7 Vorgehen

Bei der Erstellung von Lehrvideos handelt es sich in erster Line um ein Projekt. Der Leitfaden führt vier Punkte auf, die nicht außer Acht gelassen werden sollten (vgl. Tabelle 14).

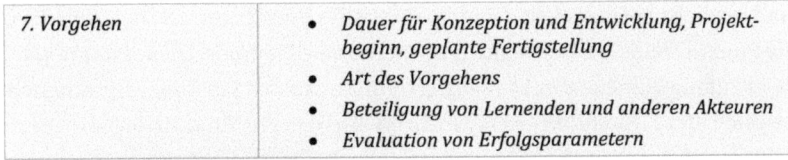

7. Vorgehen	• *Dauer für Konzeption und Entwicklung, Projektbeginn, geplante Fertigstellung* • *Art des Vorgehens* • *Beteiligung von Lernenden und anderen Akteuren* • *Evaluation von Erfolgsparametern*

Tabelle 14: Vorgehen des Leitfadens
(Eigene Darstellung nach Kerres (2018), S.515; vgl. Anhang A)

Dies legt als Art des Vorgehens eine einfache Prozessstruktur aus dem Projektmanagement nahe (vgl. Abbildung 11). In diesem Zusammenhang wird noch zusätzlich zwischen den drei Phasen Pre-, Live- und Post-Production unterschieden, aber auch die Dauer, der Projektbeginn und die Fertigstellung festgelegt.[66]

---

[66] Vgl. Kerres (2018), S.515

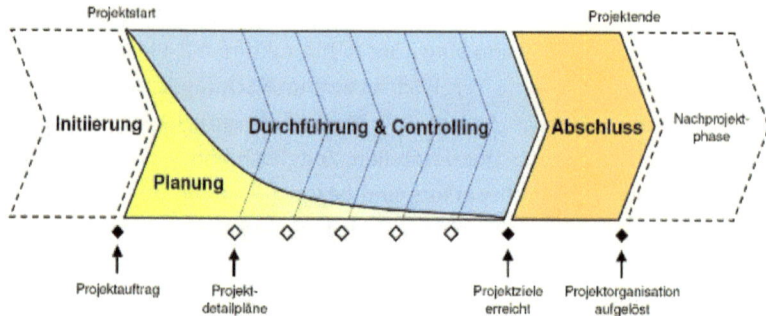

Abbildung 11: Vereinfachte Darstellung eines Projektablaufes
(https://www.pm-handbuch.com/assets/pm-prozess.png; Stand: 22.07.2018)

In der ersten Phase der Initiierung müssen die Grundlagen des Projektes gelegt werden. Hierfür werden die Punkte Rahmenanalyse (1.), Akteure (2.) und Lehrinhalte und -ziele (3.) größtenteils bearbeitet. Dies stellt die Zielsetzung dar. Die genaue Aufteilung der Akteure, Lehrinhalte und -ziele wird im späteren Ablauf des Prozesses noch optimiert.[67]

Im Anschluss daran schließt die Planungsphase und die Pre-Production an. In dieser Phase werden die Akteure, Lehrinhalte- und ziele, didaktische Methode, Lernorganisation, Medien und das Vorgehen geplant. Konkretisiert wird hier auch der Projektbeginn, die geplante Fertigstellung und die Inhalte.

Da bei manchen Aspekten die Planung und Durchführung nicht strikt zu trennen sind, schließt bei manchen Arbeiten direkt die Umsetzung an. Dies betrifft vor allen die Punkte Medien, Lehrinhalte und didaktische Methode. Diese Punkte werden bei der Planung zumeist direkt realisiert. Im Ablauf der Lightboardproduktion befinden sich diese Durchführungsschritte noch in der Pre-Production. Je mehr der zeitliche Anteil der Planung abnimmt, desto mehr steigt der Aufwand für die Realisierung.

In der Live-Production geht es mit der Durchführung weiter. Hier wird das Video aufgenommen und produziert. Hierfür müssen alle vorherigen Punkte des didaktischen Leitfadens schon abgearbeitet sein.

Im Anschluss daran beginnt die Phase der Post-Production. Diese nimmt im Vergleich zu den anderen Phasen den kleinsten Zeitaufwand ein. In diesem Abschnitt

---

[67] Vgl. Schön; Ebner (2013), S.26

wird nur noch das Video bearbeitet. Der Nachbearbeitungsaufwand sollte so gering wie möglich gehalten werden. Darunter fällt Schnitt, Bearbeitung, Konvertierung, Distribution und ähnliche Aufgaben. Hierfür ist es effizient, fertige Blenden und Übergänge zu nutzen. Wenn möglich sollten alle nötigen Einblendungen schon während dem Video mit der PowerPoint oder dem Bildmischer eingebunden werden. Der Übergang zum Projektabschluss ist hierbei fließend.

Der reine Erstellungsprozess ist abgeschlossen, wenn der Leitfaden bearbeitet wurde und die Projektphasen erfolgreich durchlaufen wurden. Im Anschluss muss sich die Lehrperson nur noch um die sinnvolle Implementierung und Pflege der Videos in den Lehrkontext kümmern, die sogenannte Nachprojektphase. Hier können etwaige Erfolgsparameter zur Evaluierung des Lernangebotes hilfreich sein.[68]

---

[68] Vgl. Projektmanagement Handbuch (o. J.)

6 Exemplarisches Konzept für Lehrvideos mit dem Lightboard

In diesem Kapitel wird ein explizites Konzept ausgearbeitet, um Lehrvideos mit dem Lightboard zu produzieren. Dies ist für den Einsatz der Lehrvideoproduktion an den Gegebenheiten der Hochschule München angepasst und optimiert. Hierbei handelt es sich um ca. 10-minütige Videos, welche als Zusammenfassung dienen. Der Inhalt dieser Videos ist in diesem Anwendungsfall ein Überblick des Kapitels 5 und fasst die wichtigsten Aspekte zur Erstellung eines Lightboardvideos zusammen. Wichtig hierbei ist, dass es sich bloß um eine Zusammenfassung der einzelnen Themenschwerpunkte handelt, nicht um einen vollwertigen Ersatz. Solche Videos können z.B. für Prüfungsvorbereitungen oder Vorlesungszusammenfassungen eingesetzt werden. Auch in diesem Zusammenhang wird sich am Leitfaden zur Gestaltung mediengestützter Lernangebote orientiert. Um den zeitlichen Ablauf besser zu visualisieren und zu welchem Zeitpunkte welche Aufgaben zu erledigen sind, wird die gesamte Produktion zusätzlich in Pre-, Live-, und Postproduction untergliedert. Der gesamte Projektablauf für den Lehrbeauftragten (den Initiator) wird in einem Trello-Board visualisiert (vgl. Anhang B).

In diesem Teil der Arbeit bezieht sich der Autor ausschließlich auf seine eigenen Erfahrungen im Umgang mit dem Lightboard, die er während der Ausführung des Konzeptes gemacht hat. Zu Grunde liegen dem die wissenschaftlichen Erkenntnisse aus den vorrangegangenen Kapiteln.

6.1 Pre-Production

In diesem Produktionsabschnitt werden die zwei Phasen Initiierung und Aufbereitung und Erstellung der Inhalte durchlaufen (vgl. Abbildung 12).

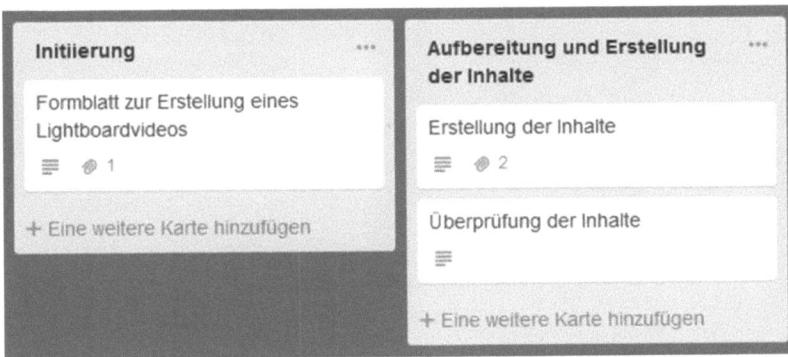

Abbildung 12: Pre-Production des Konzeptes
(Eigene Darstellung; vgl. Anhang B)

Am Anfang jeder Videoproduktion steht ein Bedarf. Dieser kann sich z.B. aus einem konkreten Anwendungsfall entwickeln oder auch von außen initiiert werden. Zur Überprüfung ob ein Lehrvideo mit dem Lightboard sinnvoll ist, sind gemäß dem Leitfaden als erstes die Rahmendaten zu klären. In diesem Beispiel wird hierfür ein Formblatt von Initiator ausgefüllt. In den meisten Fällen geschieht das durch die Lehrperson selbst. Wie in Abbildung 13 exemplarisch zu sehen ist, werden hier die wichtigsten Rahmendaten wie u. a. Titel, Lehrinhalte und Lernziele abgefragt.

2. Titel Ihres Lehrvideos *

_____

3. Beschreiben sie kurz, welcher Lehrinhalt vermittelt werden soll. *

_____
_____
_____
_____

4. Was sind ihre voraussichtlichen Lehrziele? *

_____
_____
_____
_____

Abbildung 13: Auszug des Antragsblattes
(Eigene Darstellung)

Anhand dieser Punkte kann eine erste Einschätzung bezüglich der Anforderungen an das Lehrvideo getroffen werden. Damit lässt sich in erster Instanz die Sinnhaftigkeit eines Einsatzes vom Lightboard als Medium evaluieren. Die Bewertung dieses Antrages muss eine fachkundige Person vornehmen, die das nötige Wissen mitbringt. Diese Person sollte sich selbst mit dem Lightboard bestens auskennen. Im besten Fall sind dieser Person auch weitere Produktionsmethoden bekannt, um im Zweifel eine bessere Methode vorzuschlagen und vom Einsatz des Lightboards abzuraten.

Sollte die fachkundige Person die Projektidee befürwortet haben, darf der Initiator den Inhalt erstellen und aufbereiten. In diesem Abschnitt des Projektes sollte er auf die Formatvorlagen zurückgreifen.

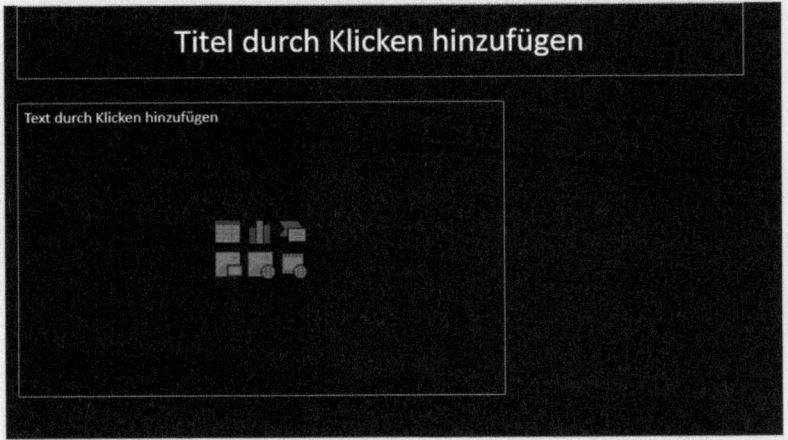

Abbildung 14: Inhaltsfolie der Formatvorlagen
(Eigene Darstellung)

In Abbildung 14 wird exemplarisch die gängige Inhaltsfolie dargeboten. Diese ist auf die Anforderungen des Lightboards ausgerichtet (weiße Schriftfarbe und Textblock der ca. 60% der Breite einnimmt). Somit bleibt am rechten Rand genug Platz für etwaige Anschriften und Einblendungen und dem Vortragenden selbst. Zur weiteren Unterstützung des Erstellenden, kann das Video im Anhang zu Rate gezogen werden. Hier werden die wichtigsten Aspekte zur Erstellung eines Lightboardvideos zusammengefasst und bieten somit einen guten Überblick der relevantesten Aspekte. Diese können auch als Textdokument hochgeladen werden.

Sollte die Erstellung des Inhaltes abgeschlossen sein, können sie durch den fachkundigen Mitarbeiter evaluiert werden. Sobald diese abgesegnet wurden, kann in die nächste Phase der Produktion fortgeschritten werden. Ohne den richtig aufbereiteten Lehrstoff kann nicht weitergearbeitet werden, da während der Produktion nicht mehr viel verändert werden kann.

6.2 Live-Production

Nach der Konzeption der Inhalte kommt es zur Aufzeichnung. Wie oben schon erwähnt, kann hier nicht mehr viel verändert werden, da der wichtigste Teil – die Vorbereitung – schon abgeschlossen ist. Das fertig erstellte Konzept wird in diesem Abschnitt nur noch umgesetzt.

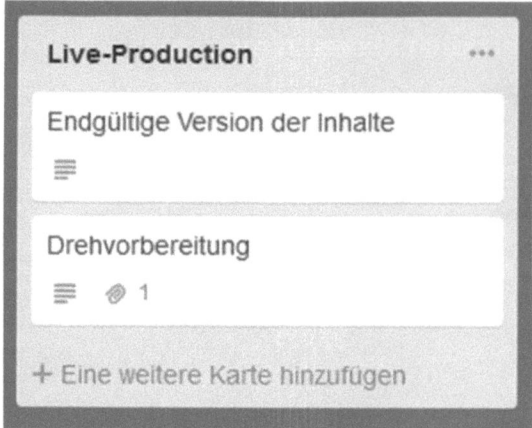

Abbildung 15: Live-Production des Konzeptes
(Eigene Darstellung; vgl. Anhang B)

Der erste Schritt kurz vor der Live-Production ist die Festlegung der Inhalte. Hier muss der Initiator nur das abgesegnete Material hochladen. Im Anschluss daran wird der Vortragende auf die Gegebenheiten vorbereitet (vgl. Abbildung 15). Hierfür kann das Video im Anhang verwendet werden. In diesem werden die wichtigsten Tipps und Tricks zusammengefasst. Zusätzlich kann eine schriftliche Fassung dieser Ratschläge der Trellokarte beigefügt werden. Während der Aufzeichnung wird größtenteils auf die Einhaltung des Konzeptes und dem Filmischen geachtet. Wichtig sind hierbei die Details wie Tonqualität, Lautstärke, Lesbarkeit, Einhaltung des Platzes und Belichtung. Zur Erleichterung kann ein Testdurchlauf gestartet werden, um mit schwarzen Stiften etwaige wichtige Stellen zu markieren. An diesen Punkten kann später eine Beschriftung zielgenauer eingefügt werden. Zu beachten ist, dass pro Folie ein Take gedreht wird. Das bedeutet im Umkehrschluss, dass kleine Fehler direkt im Video korrigiert werden sollte. Bei größeren Fehlern muss der ganze Abschnitt neu gedreht werden. Je besser der Vortragende vorbereitet ist und fehlerfreier den Lernstoff präsentieren kann, desto weniger Zeit nimmt der Dreh in Anspruch.

6.3 Post-Production

Die Post-Production, welche bei herkömmlichen Filmproduktionen die meiste Zeit in Anspruch nimmt, wird in diesem Konzept so kurz wie möglich gehalten. Im besten Fall ist sie so kurz, dass die vortragende Person das fertig geschnittene und gerenderte Video direkt im Anschluss mitnehmen kann.

Abbildung 16: Post-Production des Konzeptes
(Eigene Darstellung; vgl. **Fehler! Verweisquelle konnte nicht gefunden werden.**B)

Wie in Abbildung 16 zu sehen, besteht die Post-Production für den Lehrenden aus keiner Aktion mehr. Das Video wird für ihn fertig geschnitten. Danach kann das Video in den Lehrkontext überführt werden.

Wichtig ist, dass der Nachbearbeitungsaufwand proportional zur Länge des Videos steigt. Das heißt je kürzer desto besser, da unnötiger Mehraufwand vermieden werden soll. Der große Zeitvorteil von dieser Produktionsmethode zeigt sich gerade hier. Durch die Umsetzung von Hervorhebungen und Ergänzungen schon während dem Dreh, fällt der Arbeitsaufwand der Post-Production im Hinblick der After Effects weg. Die fertig gedrehten Einzelsequenzen werden in diesem Konzept von der Person, die die Aufnahme betreut, geschnitten. Hierfür gibt es im Idealfall ein vorgefertigtes Intro. Bei Bedarf kann der Titel dort eingefügt werden. Für den Übergang zwischen einzelnen Videosequenzen gibt es zwei Varianten. Einmal ein harter Übergang oder eine weiche Blende. Beides ist in fertigen Vorlagen erstellt. Dadurch müssen einzelne Videos nur noch aneinandergereiht werden, mit dem gewünschten Übergang dazwischen. Dies reduziert den benötigten Arbeitsaufwand in der Post-Production. In diesem Zusammenhang, sind harte Cuts für dieses Videoformat weniger zu empfehlen. Sie erzeugen durch die kleine Bildunterbrechung und dem radikalen Bildwechsel eine innerliche Abtrennung, so dass der Eindruck aufkommen könnte, dass es sich um mehrere Einzelvideos handelt, die inhaltlich keinen Bezug zueinander haben. Außerdem kann der Zuschauer bei krassen Bildsprüngen zusätzlich verwirrt werden. Beim Rendern muss auf die gewünschte Qualität achtgegeben werden. Je höher die Zielqualität, desto höher der benötigte Zeitaufwand. Allerdings sollte hier nicht zu sehr gespart werden. In diesem Konzept wird das Format H264 und 1080p Full HD-Auflösung verwendet.

Sobald das Video fertig erstellt, geschnitten und exportiert ist, kann der Lehrende damit weiterarbeiten. Jetzt kann das Lehrvideo in den gewünschten Kontext implementiert werden. Wichtig ist, dass auch hier ein roter Faden des Gesamtkontextes gegeben sein muss. In diesem Anwendungsfall, tragen die Videos zur Unterstützung des Lehrenden bei, welcher ein Lehrvideo mit dem Lightboard erstellen möchte.

7 Fazit und Ausblick

Die vorliegende Arbeit zeigt, dass es viele Ansatzmöglichkeiten für eine effiziente Videoproduktion gibt. Über den didaktischen Aufbau, technischen Begebenheiten und dem allgemeinen Ablauf gibt es einige Punkte, die es zu beachten gilt. Die zentrale Forschungsfrage lautete:

- Wie lässt sich die Lehrvideoproduktion in Hinblick auf Didaktik, Produktionsablauf und der technischen Komplexität effizient gestalten?

Diese und weitere Fragestellungen wurden zu Beginn mit folgenden Annahmen versucht zu beantworten. Im Laufe der Bachelorarbeit wurde mit diesen Hypothesen gearbeitet:

- Durch Standardisierungen im gesamten Produktionsprozess können Lehrvideos ressourcenschonender produziert werden.
- Innerhalb standardisierter Lehrvideokonzepte benötigt die Vorbereitung den größten zeitlichen Aufwand.
- Trotz Vereinheitlichungen und geschaffener Standards lässt sich eine hohe Qualität und Flexibilität der Lehrmedien sicherstellen.

Grundsätzlich kann die erste Hypothese überwiegend so unterschrieben werden. Eine genaue Ersparnis kann allerdings nicht benannt werden. Mit der Produktionsmethode des Lightboards und dem Grundsatz der Effizienz, ist diese Thesis im Bereich der halbstandardisierten Formate anzusiedeln. Hier können keine klaren Grenzen gezogen werden, da sich der Grad der Standardisierungen von Konzept zu Konzept unterschiedlich gestaltet. Zusätzlich fällt es schwer explizite Richtlinien oder Vorgehensweisen zu definieren, die allgemeingültig sind. Hier können nur Empfehlungen gegeben werden, welche funktionieren könnten und welche nicht. Zu viele Regularien können den allgemeinen Aufwand auch wieder erhöhen. Gerade bei inhaltlichen Arbeiten am Lernstoff, lassen sich Vereinheitlichungen schwer gestalten. Was allerdings beantwortet werden kann ist, dass Standards beim Medium – also dem technischen Aufbau und der Produktion – einen großen Mehrwert generieren. Hier steckt, im Vergleich zur herkömmlichen Videoproduktion, das größte Potenzial zur Optimierung. Sobald der Aufbau und der Ablauf einmal funktioniert, kann ohne große Vorbereitung produziert werden. Zu beachten ist allerdings, dass die Videolaufzeit im direkten Zusammenhang zur Arbeitszeit steht. Gerade am Anfang wird es verhältnismäßig länger dauern, bis sich ein

Lerneffekt einstellt und mit dem Medium gut gearbeitet werden kann. Zu Beginn eignen sich kürzere Videos, um sich mit der Technik vertraut zu machen.

Wie schon in der vorherigen Hypothese angeklungen, steckt das größte Potential zur Zeitersparnis in der Technik. Somit kann die zweite Annahme bestätigt werden. Innerhalb eines Konzeptes zur standardisierten Lehrvideoproduktion, nimmt die Vorbereitungszeit den größten Anteil ein. Hierunter fallen vor allen die Rahmenbedingungen, Vorbereitungen des Lernstoffes und des Videodrehs. Im Verlaufe der Thesis wurde dieser Bereich mit Pre-Production betitelt. Hierbei können entsprechende Regularien und Rahmenbedingungen innerhalb eines Konzeptes festgelegt werden, allerdings kommt in diesem Abschnitt vor allen die unterstützende Rolle zum Tragen. Diese soll den einzelnen Personen Arbeiten abnehmen oder erleichtern. Sinnvoll sind u. a. Formatvorlagen, Erstellungshilfen oder auch Erklärfilme zu einzelnen Schritten.

Die letzte Hypothese knüpft an die vorherige an und lässt sich nur unter Vorbehalt bejahen. Geschaffene Standards im Bereich des Mediums garantieren eine gleichbleibende filmische Qualität. Dies hängt allerdings nur mit dem einzelnen Medium zusammen und muss für jede Produktionsmethode neu bewertet werden. Die Bachelorarbeit hat anhand des Lightboards gezeigt, dass dies in diesem Zusammenhang funktioniert hat. Aber nur durch die Möglichkeit zur freien Gestaltung von Folien für das Lightboard, lassen sich hier weiter die Räume für die Entfaltung des Lernstoffes offenhalten. Auf die direkte Erstellung der Inhalte wurde hier wenig bis kein Einfluss genommen. Hier wurden nur Rahmenbedingungen gegeben – was funktioniert und was nicht – und innerhalb dieser konnte alles frei gestaltet werden. Bei anderen Medien und Konzepten könnte dies wieder anders aussehen. Solange Standards nicht in den direkten inhaltlichen Erstellungsprozess eingreifen, sondern nur den Rahmen definieren, was möglich ist und was nicht, und dieser für den entsprechenden Anwendungsfall alle wichtigen Bestandteile beinhaltet, lässt sich die Qualität und Flexibilität der Lernmedien sicherstellen.

In einer so schnelllebigen Branche sollte zusätzlich zum Abschluss noch über die Zukunftsaussichten geredet werden, um etwaige Entwicklungen mit aufzufangen. Die Welt befindet sich im digitalen Wandel. So trifft das auch schon auf die Lehre von heute zu. In der Hochschullehre werden aktuell MOOCs (Massive Open Online Courses) gerne in einem Atemzug mit der Digitalisierung der Lehre genannt. Aber auch den Lehrvideos werden ein hoher Stellenwert in der Zukunft eingeräumt. Allerdings befindet sich diese Thesis durch die stetige Veränderung in einem sehr schnelllebigen Fachbereich. Für die Hypothesen und wissenschaftlichen

Ergebnisse kann das bedeuten, dass diese schon nach ein paar Wochen überholt sein können. Dies kann von besser geeigneten Medien bis hin zu neuen didaktischen Methoden auf alles Erdenkliche zutreffen. Allerdings muss bei der zukünftigen Entwicklung weiter die Erhaltung oder Verbesserung der wissenschaftlichen Qualität der Lehre im Vordergrund stehen.

Gerade die Technik entwickelt sich rasant weiter. Zwar handelt es sich mit Lightboard nicht um einen direkten Konkurrenten, lässt sich aber schon sehr gut mit einem digitalen Whiteboard vergleichen. Hier kann also die Technik weiter ausgefeilt werden, oder durch komplett neue Methoden ersetzt werden. U. a. wären für das Lightboard Live-Bedienung eines Programmes, Live-Streaming und interaktive Videos denkbar. Auch das Präsentationsprogramm Prezi sollte für einen Einsatz am Lightboard nicht außer Acht gelassen werden. Mit fortschreitender Technik ergeben sich immer wieder neue Anwendungsmöglichkeiten. Alleine durch einen größeren technischen Aufbau, können vereinzelt neue Möglichkeiten geschaffen werden. Auch der Zeitaufwand lässt sich unter entsprechenden Umständen weiter reduzieren. Gut zu vergleichen ist das mit dem Lightboard als Anwendungsfall selbst. Hier werden Zeitersparnisse gegenüber klassischen Produktionsmethoden durch neue technische Aufbauten generiert.

Neben den technischen Fortschritten, können aber auch didaktische Aspekte weiter verbessert werden. So können verschiedene Konzepte entwickelt werden um z. B. hybride Lernangebote zu schaffen. Gerade hier lebt das Medium von der Interaktion zwischen den einzelnen Bestandteilen. Dies sollte nicht nur innerhalb des Videos gewährleistet werden, sondern den gesamten Lehrkontext umfassen. Die Methoden an sich werden sich nur bedingt verändern. Durch den digitalen Wandel eröffnen sich zwar neue Möglichkeiten, die didaktischen Methoden bleiben aber meistens gleich. Während der klassische Vortrag früher in einer Vorlesung stattgefunden hat, sehen sich Studenten jetzt ganze Vorlesungsaufzeichnungen als Video online an. Die aktuelle Entwicklung besteht darin, bekannte Methoden in einen digitalen Kontext umzusetzen. Hierfür werden z. B. entsprechende Medien entwickelt. Allerdings bieten Online-Angebote weit mehr Möglichkeiten, als klassische Vorgehensweisen.

Vor dem Aspekt des digitalen Wandels und dem Wunsch der Zukunftssicherheit ist es ratsam, sich der aktuellen Entwicklung nicht zu verschließen und neue Herangehensweisen auszuprobieren. Allerdings sind diese immer mit diversen Unsicherheiten behaftet. Deshalb sollten Vor- und Nachteile sowie Chancen und Risiken immer gut abgewogen werden. Allerdings muss in vorderster Absicht immer der

Erhalt der wissenschaftlichen Qualität stehen. An diesem Gradmesser müssen sich neue Lehrangebote messen lassen, um die Sinnhaftigkeit eines neuen Mediums evaluieren zu können.

Durch die Bachelorarbeit und den produzierten Beispielvideos konnte gezeigt werden, welche Möglichkeiten zur effizienten Lehrvideoerstellung vorhanden sind. Diese können interdisziplinär und unabhängig auf jedes Medium und Konzept übertragen werden. Zusätzlich sollten zukünftige Entwicklungen und neue Technologien laufend verfolgt werden, um den maximalen Erfolg aus der standardisierten Lehrvideoproduktion zu ziehen

Literaturverzeichnis

Antretter, Thomas; Dorfinger, Johannes; Ebner, Martin; Kopp, Michael; Nagler, Walther; Pauschenwein, Jutta; Raunig, Michael; Rechberger, Manfred; Rehatschek, Herwig; Schweighofer, Patrick; Staber, Reinhard; Teufe, Martin (2014): Videos in der (Hochschul-)Lehre. In: Zeitschrift für Hochschulentwicklung, Jg.9/Nr.3, https://www.zfhe.at/index.php/zfhe/issue/view/41 (Stand: 10.05.2018).

Becher, Alexander (2012): Lernvideos auf YouTube. https://www3.sachsen.schule/fileadmin/_special/gruppen/40/MASTERARBEIT.pdf (Stand: 10.05.2018).

Deutscher Hochschulverband (2014): Online-Lehre als Teil der universitären Lehre. https://www.hochschulverband.de/fileadmin/redaktion/download/pdf/resolutionen/Online-Lehre_als_Teil_der_universitaeren_Lehre.pdf (Stand: 02.08.2018).

Döring, Sandra (2010): Formulierung von Lernzielen. https://tu-dresden.de/mz/ressourcen/dateien/services/e_learning/didaktische-handreichung-formulierung-von-lernzielen-aus-dem-projekt-seco?lang=de (Stand: 15.07.2018).

Grotlüschen, Anke (2006): Lernwiderstände und Lerngegenstände. In: Lernwiderstände – Anlässe für Vermittlung und Beratung. S.69-78. Hamburg (Faulstich, P./ Bayer, M.)

Guo, Philip J.; Kim, Juho; Rubin, Rob (2014): How Video Production Affects Student Engagement: An Empirical Study of MOOC Videos. http://pgbovine.net/publications/edX-MOOC-video-production-and-engagement_LAS-2014.pdf (Stand: 09.07.2018).

Hochschulforum Digitalisierung (2016): The Digital Turn – Hochschulbildung im digitalen Zeitalter. Arbeitspapier Nr.27. Berlin. (Hochschulforum Digitalisierung).

Kerres, Michael (2018): Mediendidaktik: Konzeption und Entwicklung digitaler Lernangebote. 5. Auflage. Berlin. (De Gruyter Oldenbourg).

Lightboard Home (o. J.): Lightboard Home. http://lightboard.info/ (Stand: 13.07.2018).

Literaturverzeichnis

Mai, Jochen (2017): Pareto Prinzip: Die Gefahr der 80-20-Regel. https://karrierebibel.de/pareto-prinzip-8020-regel (Stand: 12.06.2018).

Manski, Katja; Meyer, Rita (2008): Medien als Bedeutungsgenerierende Instanz – Herausforderungen für die Berufsbildungsforschung in Theorie und Praxis. In: bwp@, Ausgabe Nr.15, http://www.bwpat.de/ausgabe15/manski_meyer_bwpat15.pdf (Stand 14.06.2018).

Paretoprinzip (2016): Das Paretoprinzip. http://www.paretoprinzip.org (Stand: 12.06.2018).

Projektmanagement Handbuch (o. J.): PM-Prozess. https://www.pm-handbuch.com/pm-prozess/ (Stand: 22.07.2018).

Savage, Chris (2009): Does length matter? It does for video!. https://wistia.com/learn/marketing/does-length-matter-it-does-for-video (Stand: 20.07.2018).

Schaumburg, Heike (2015): Chancen und Risiken digitaler Medien

in der Schule. Gütersloh. (Bertelsmann Stiftung).

Schön, Sandra ; Ebner, Martin (2013): Gute Lernvideos : ... so gelingen Web-Videos zum Lernen. http://www.bimsev.de/n/userfiles/downloads/gute-lernvideos.pdf (Stand: 10.05.2018).

Walcz, Stefan (o. J.): 4 Gründe, warum Standardisierung nicht notwendigerweise positiv ist. https://roqsta.eu/4-gruende-warum-standardisierung-nicht-notwendigerweise-positiv-ist/ (Stand: 07.07.2018).

Weth, Karin (2014): Konzept zur praktischen Entwicklung einer videobasierenden e-Learning-Plattform zur Unterstützung hörakustischer Praktikumsveranstaltungen am Beispiel der

Tonaudiometrie. https://d-nb.info/1075911303/34 (Stand: 10.05.2018).

de Witt, Claudia; Czerwionka, Thomas (2013): Mediendidaktik. Bielefeld. (Bertelsmann W).

Young, Jeffrey R. (2016): How to Prepare Professors Who Thought They'd Never Teach Online. https://docs.google.com/viewer?a=v&pid=sites&srcid=ZGVmYXVsd-GRvbWFpbnxub3J0aHdlc3Rlcm5saWdodGJvYXJkkfGd4OjdlNzJkkNWNlND-kzZTBjM2U (Stand: 10.05.2018)

Anhang

Anhang A) Leitfaden zur Erstellung eines mediengestützten Lernangebotes
(Eigene Darstellung nach Kerres (2018), S.513-515)

Leitfaden zur Erstellung eines mediengestützten Lernangebotes nach Kerres	
1. Rahmenanalyse	<ul><li>Projekttitel (einschließlich Kurztitel)</li><li>Projektidee (Kurzfassung des Bildungsanliegens)</li><li>Ressourcen (verfügbare Mittel)</li><li>Expertise (im Projektteam, Auftraggeber, etc.)</li></ul>
2. Akteure	<ul><li>Alle beteiligten Personen und Institutionen inklusive zugehöriger Funktionen</li></ul> Zielgruppe <ul><li>Gesamtzahl der Lernenden (insgesamt und pro Durchgang)</li><li>Geografische Verteilung (vor Ort, regional, etc.)</li><li>Altersspanne und Mittelwert</li><li>Heterogenität – Diverstität der Zielgruppe</li><li>Lernmotivation (intrinsisch/extrinsisch)</li><li>Höchster schulischer Abschluss und Beruf</li><li>Vorwissen (hoch/niedrig)</li><li>Einstellungen und Erfahrungen (zum Lerngegenstand, zu Computern)</li><li>Lernorte, Internetzugang und technische Ausstattung</li><li>Zeitliche Ressourcen</li><li>Weitere Merkmale der Zielgruppe</li></ul>
3. Lerninhalte und -ziele	<ul><li>Bildungsproblem und Projektziele</li><li>Lehrinhalte</li><li>Lernziele (Wissen, Fertigkeiten, Einstellungen)</li></ul>
4. Didaktische Methode	<ul><li>Art des Lernangebots</li><li>Art der Methode (Exposition, Exploration, problemorientiert)</li><li>Art der Lernaufgaben</li></ul>

5. Lernorganisation		• Zeitliche Organisation • Zeitraum • Gesamte Lernzeit des Angebotes • Start (feste Termine, flexibler Einstieg) • Räumliche Organisation • Präsenz- und Onlinephasen • Durchführung von rechtssicheren Prüfungen • Soziale Organisation • Individuelles Lernen, Lerngruppen, etc. • Betreuung (Beratung, Support, etc.)
6. Medien		• Distribution • Internet-Plattform für die Inhalte • Internet-Plattform für Kommunikation und Kollaboration
7. Vorgehen		• Dauer für Konzeption und Entwicklung, Projektbeginn, geplante Fertigstellung • Art des Vorgehens • Beteiligung von Lernenden und anderen Akteuren • Evaluation von Erfolgsparametern

Anhang B) Projektablauf des Konzeptes

(Eigene Darstellung)

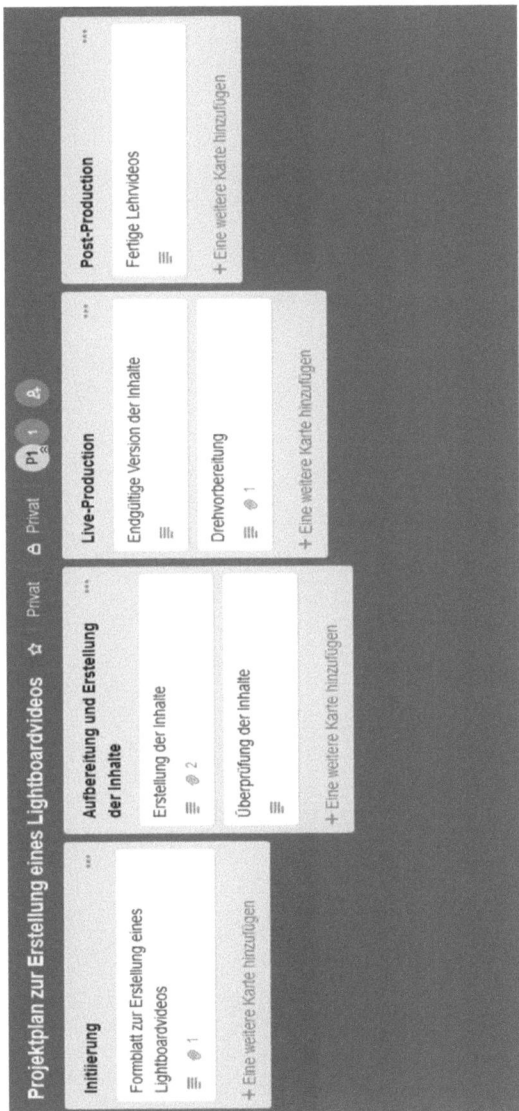